Sarahi
Sanchez.

Este libro pertenece a

Sarahi Sanchez

una joven de oración.

2005 Sarahi

Sarahi

El Llamado de una Joven a la Oración

Elizabeth George

EDITORIAL
UNILIT

Sepa

Publicado por
Editorial Unilit
Miami, Fl. 33172
Derechos reservados

© 2005 Editorial Unilit (Spanish translation)
Primera edición 2005

© 2005 por Elizabeth George
Originalmente publicado en inglés con el título:
A Young Woman's Call to Prayer
por Harvest House Publishers
Eugene, Oregon 97402
www.harvesthousepublishers.com
Todos los derechos reservados.

Traducción: Gabriela De Francesco de Colacilli

A menos que se indique lo contrario, las citas bíblicas se tomaron de la Santa Biblia Nueva Versión Internacional. © 1999 por la Sociedad Bíblica Internacional.

Las citas bíblicas señaladas con RV-60 se tomaron de la Santa Biblia, Versión Reina Valera 1960. © 1960 por la Sociedad Bíblica en América Latina.

Las citas bíblicas señaladas con LBD se tomaron de la Santa Biblia, *La Biblia al Día*. © 1979 por la Sociedad Bíblica Internacional.
Usadas con permiso.

Producto 495408
ISBN 0-7899-1336-4
Impreso en Colombia
Printed in Colombia

Categoría: Vida cristiana/Mujeres/Oración
Category: Christian Life/Women/Prayer

Contenido

Descubre la fórmula de Dios para la oración eficaz

Desarrolla el hábito de la oración

Responde al llamado
de Dios a la oración

Transformarte en una joven de oración

*H*ablar con Dios sobre lo que pasa en tu vida es importante... ¡y la oración es la clave! Con todo, si eres como la mayoría de las mujeres, ¡jóvenes o ancianas!, te vendrá bien un poco de ayuda con tu vida de oración. Es por eso que escribí este práctico libro: para ayudarte a hacer realidad tu deseo de orar con regularidad.

¡El viaje hacia una vida de oración dinámica y auténtica es una aventura emocionante! Primero, descubrirás lo que Dios dice acerca de la oración en la Biblia. ¡Es maravilloso! También disfrutarás de historias provenientes del corazón y de las vidas de personajes bíblicos. Estas personas aprendieron a orar... les encantaba orar... y fueron testigos de los efectos poderosos de la oración y del impacto que tuvo en su relación con Dios. Junto con reflexiones de mi propio viaje de oración, te cuento ejemplos inspiradores de otros que respondieron al llamado de Dios a la oración. Descubrirás consejos para revolucionar tu propia vida de oración, que incluyen...

> *... Doce formas prácticas de transformarte en una mujer de oración*: Descubrirás qué hacer... y qué no hacer. ¡Y entenderás por qué puede ser tan difícil orar!
>
> *... «Mis listas de control para la oración»*: Cada capítulo proporciona tres pasos de oración inmediatos que puedes dar, ¡hoy!, a fin de que se haga realidad tu sueño de transformarte en una mujer de oración.

... «*¿Te gustaría saber más?*»: Si quieres «el atractivo» en la oración, puedes crecer aun más interactuando con algunos pasajes bíblicos y preguntas adicionales. ¡Están hechas a tu medida!

... «*Cosas que no quiero olvidar*»: Cada capítulo tiene emocionantes sugerencias que pueden cambiar tu vida cotidiana... ¡si no las olvidas! Así que para ayudarte a que recuerdes lo que más te habla al corazón, agregué una página especial al final de cada capítulo para que lleves un diario o anotes tus pensamientos y «verdades para llevar». Tus reflexiones personales escritas se transformarán en un testimonio de tu crecimiento espiritual, un preciado recuerdo al que podrás referirte en los días, meses e incluso años futuros.

... «*Mi calendario de oración*»: También incluí un calendario de oración al final del libro que puedes reproducir. Te ayudará a ver cómo te transformas en una mujer de oración. Asegúrate de hacer una fotocopia porque querrás usarlo por años... ¡y dárselo a tus amigas!

Querida amiga que ora, a medida que crezcas en la oración y se transforme cada vez más en una parte de tu vida, te darás cuenta de cómo Dios se convierte en tu amigo más cercano. Además, te darás cuenta de que puede ayudarte con *todo* lo que es importante en tu vida ahora y siempre: tu familia, tus amigos, la escuela y tus sueños para el futuro.

¡Así que viajemos! Lee y estudia este libro sola, o hazlo con una amiga, alguien que te guíe, o en grupo. De cualquier forma, saldrás bendecida. ¿Por qué? Porque la oración es la «actividad más sublime que es capaz de realizar el espíritu humano»[1]. A través de la oración...

adoras a Dios... y le expresas tu amor,

traes tus necesidades delante de Él... y ves cómo las contesta, y

hablas de tú a tú con el Dios del universo... acerca de tu vida.

Mi preciosa nueva amiga, estoy orando por ti ahora mismo mientras respondes el llamado de Dios... ¡a orar!

En su maravilloso e increíble amor,
Tu amiga y hermana en Cristo,

Elizabeth George

Reconocimiento

Como siempre, gracias a mi querido esposo,
Jim George, licenciado en divinidades y teología,
por su competente ayuda, dirección, sugerencias
y amoroso aliento en este proyecto.

Haz realidad
tu deseo de orar

Comienza tu viaje hacia la oración

*L*a oración.

Con solo mencionarla comienzo a anhelar y resistirme al mismo tiempo. Como una mujer conforme al corazón de Dios, *anhelo* orar. Mi alma lo desea. Mi espíritu implora tener comunión con mi Padre celestial. Mi corazón canta con las palabras del rey David que se encuentran en el Antiguo Testamento:

> Cual ciervo jadeante en busca del agua, así te busca, oh Dios, todo mi ser [...] Mi alma tiene sed de ti; todo mi ser te anhela (Salmo 42:1; 63:1).

Y, sin embargo, también me *resisto* cuando pienso en orar. ¿Por qué? Porque aunque la oración es una bendición, acercarse a un Dios santo, santo, santo también es algo sobrecogedor. Entonces, hay que buscar tiempo para estar a solas con Dios y hablar con Él.

> «No hablamos con una pared cuando oramos, hablamos con alguien que nos escucha en verdad»[1].

¡Qué batalla! Sé que necesito orar... ¡y quiero orar! ¡Y con todo, el esfuerzo y la disciplina del llamado de la oración son bastante reales! ¿Tienes, mi querida amiga, esta misma mezcla de sentimientos? Entonces, decidamos responder al llamado de Dios a nosotras de ser mujeres de oración... ¡pase lo que pase! Embarquémonos juntas en un viaje para aprender más acerca de la oración. Procuremos vivir «de rodillas».

Escucha el llamado de Dios a la oración

En cualquier viaje, siempre hay que dar un primer paso. ¿Cuál será el tuyo? Me acuerdo de mi primer paso para aprender a orar con seriedad. Fue un Día de las Madres, el 8 de mayo de 1983. Mi hija Katherine (de trece años) me regaló un pequeño libro en blanco. Era violeta... y todavía lo tengo porque es un verdadero recuerdo para mí. Es especial, en primer lugar, ¡porque me lo regaló mi hija! (¡Eso en verdad toca el corazón de una madre! Créeme).

En fin, Katherine tuvo la idea del regalo y se puso de acuerdo con Jim (mi esposo y papá de Kath) para realizar tareas del hogar extra y ganar el dinero para comprármelo. Luego fueron los dos juntos a la tienda a comprar el regalo perfecto para mamá. Katherine luego dedicó el pequeño tesoro en el ex libris con su cuidadosa letra, lo envolvió con amor para regalo y me lo dio con orgullo en esa mañana de domingo hace muchos años.

Ah, créanme, ¡chillé! ¡Grité! Hice de todo menos dar vueltas de carnero para expresar mi agradecimiento a mi dulce hija. Sin embargo, después me encontré con un problema: qué hacer con un libro en blanco. Durante meses dejé el librito sobre la mesita de la sala para que mi querida Katherine supiera cuánto lo apreciaba. Entonces un día, sin saber con exactitud qué hacer con él, lo trasladé a la biblioteca... y desapareció para siempre...

... hasta el 12 de septiembre, cuatro meses después. Ese día cumplía diez años en el Señor. Mientras estaba sentada a solas delante de Dios, comencé a recordar mis primeros diez años como hija de Dios. Por supuesto, eso me llevó a un tiempo de gratitud por su misericordia, su gracia, su cuidado, su dirección, su sabiduría, mi salvación a través de Cristo...

Mis oraciones de gratitud a Dios fluían sin parar. Luego de secarme los ojos con un pañuelo, hice que mis pensamientos se dirigieran hacia delante y oré: «Señor, al empezar una nueva década contigo, ¿hay algo que falte en mi vida cristiana en lo que tendría que concentrarme durante los próximos diez años?».

Ah, querida amiga, solo puedo informarte que antes de haber puesto el signo de interrogación en mi pregunta, ¡sabía en mi corazón cuál era la respuesta! ¡Era la *oración*! Y de repente supe que había «escuchado» el llamado de Dios a la oración en mi corazón. De la misma manera, de repente, supe qué hacer con ese pequeño libro violeta en blanco. Corrí hacia la biblioteca, lo saqué, lo abrí y escribí en la primera página:

> Me entrego y me propongo a pasar los próximos diez años en el Señor, si Él quiere, desarrollando una vida de oración significativa.

Haz un compromiso

¿Por qué elegí diez años para comprometerme a desarrollar una vida de oración significativa? Es probable que se debiera a que era mi décimo aniversario en Cristo. Han pasado veinte años. Y quiero decirte enseguida: ¡*todavía* estoy aprendiendo a orar! Ya sabes, ¡tú y yo no nos despertamos un día en el punto donde podemos marcar «aprender a orar» en nuestra lista de quehaceres! No, nadie ora lo suficiente. Y nadie ora con la pasión que quisiera o debiera orar. Y nadie ora por toda la gente que necesita oración.

«Señor, enséñanos a orar» (Lucas 11:1).

Entonces debemos continuar en nuestro viaje hacia la oración hasta que «lo entendamos», hasta que al menos podamos decir que hemos *comenzado* a conocer aunque sea algo de la oración. Hasta que eso suceda, muchos cristianos oran lo que llamo oraciones de «Christopher Robin». Es el niño que luchaba con sus oraciones vespertinas[2]. El pequeño Christopher Robin se distraía tanto con cualquier cosa que no podía recordar por quién o por qué orar. Así que terminaba haciendo oraciones de este tipo: «Que Dios bendiga a _____», llenando el espacio con los nombres de su familia y amigos.

¡Vaya, vaya, puedo relacionarme con la experiencia de «oración» de Christopher Robin! ¡Y tal vez tú también! Esa es con exactitud la manera en que oraba... es decir, antes de mi compromiso a responder el llamado de Dios a la oración. Sí, he orado de esa manera. Y como Christopher Robin, mi mente divagaba. No sabía por quiénes orar... ni cómo orar por ellos. Así que en esencia mis oraciones consistían de esfuerzos vanos, hasta que al final se reducían a murmurar «Dios me bendiga a mí y a mi familia en este día».

Sin embargo, gracias a Dios, ¡puedo decir que he hecho algún progreso! Creo que mejoraron mis oraciones y mi vida de oración. Aun así, quiero decir sin demora: «No, todavía no he llegado». Ser una mujer de oración todavía es un desafío diario y una lucha constante para mí. Y me imagino que será de esta manera hasta que vea a mi Salvador cara a cara.

En los próximos capítulos, veremos en detalles lo que significa responder al llamado de Dios a la oración. No obstante, por ahora (y al final de cada capítulo) quiero que hagas una pausa y consideres algunos pasos prácticos que puedes dar *ahora mismo*. Te ayudarán a cultivar un corazón para la oración y a crecer en la relación de tu corazón con Dios. Dejé algo de espacio para que escribas tus respuestas.

Mi lista de control
para la oración

✓ *¡Ora en este instante!*: Una cosa es leer sobre la oración. ¡Y cómo nos gusta hablar acerca de ella! ¡Cómo soñamos con ser mujeres de oración! Pero otra cosa bastante diferente es ponerse a orar. Así que el *Primer paso* es el siguiente: Deja el libro, toma el reloj automático de la cocina y ve a algún lugar en el que puedas cerrar la puerta o estar sola. Luego ora durante cinco minutos. Usa estos cinco minutos para derramar el deseo de tu corazón a tu Padre celestial. Dile cuánto lo amas y cuánto anhelas responder a su llamado a transformarte, ¡y ser!, una mujer de oración. Luego escribe aquí algo de lo que pasó.

✓ *Organízate*: Consigue alguna especie de cuaderno. Puede ser cualquier cosa: un bloc con encuadernación en espiral, una carpeta de tres anillos, incluso un librito en blanco. Lo que sea, haz lo que puedas para hacer que tu cuaderno sea personal y divertido. Transfórmalo en algo que quieras usar. Por ejemplo, ¿es el violeta tu color preferido? ¡Entonces que tu cuaderno de oración sea violeta! (¡Y no te olvides de incluir un bolígrafo con tinta violeta!) No te preocupes porque tu elección sea permanente. Tampoco te demores con la necesidad de tomar la decisión «adecuada». Solo escoge algo,

¡cualquier cosa!, que te ayude e inspire a dar los primeros pasos por el camino de tu viaje hacia la oración.

Acabo de ver mi propio librito en blanco, y de acuerdo a las fechas, lo usé durante diez semanas. Diez semanas es muchííísimo tiempo, lo cual significa que ese librito bastó para iniciar mi compromiso de aprender a orar. También significa que usar mi libro durante diez semanas fue lo suficiente para mostrarme que necesitaba otro tipo de cuaderno.

Cuando empieces tus esfuerzos de oración, es probable que también te suceda. ¡Pero emociónate cuando sea así! Alaba a Dios porque estás creciendo en tu capacidad para orar... y espera con ansias la creación de un cuaderno de oración nuevo por completo y hecho por ti.

Describe tu cuaderno o diario actual. ¿Qué es lo que te gusta de él? ¿Necesitas realizar alguna mejora?

✓ *Mira hacia delante*: Mira más allá... y ora más allá... por la próxima semana de tu calendario. ¿Cuál es el patrón en tu vida, tu rutina diaria? ¿Qué compromisos tienes en la escuela y el trabajo? ¿Qué clase de tiempo necesitas para la familia y los amigos? Luego marca en cada día de la próxima semana el momento exacto que programarás como tu tiempo de oración. Puede ser la misma hora todos los días, o puede adaptarse a las demandas y el flujo de cada día en particular.

A continuación, escribe tus compromisos de oración con tinta en el calendario. Luego, por supuesto, asegúrate de cumplirlos... ¡así como cumples las citas con tus amigos! Uno de mis principios de oración dice: «No hay maneras buenas ni malas de orar... ¡excepto no orar!».

Para que tengas un lugar para registrar tu progreso de oración, he proporcionado «Mi calendario de oración» al final de este libro. Solo sombrea los casilleros de los días en los que oras y déjalos en blanco cuando no ores. Y entonces, mi querida amiga, ¡una imagen vale más que mil palabras! Todo lo que tienes que hacer es echar un vistazo a «Mi calendario de oración»... ¡y se contará la historia de tus tiempos en oración! Ahora bien, ¿qué historia contarán tus esfuerzos en oración?

¿Cuáles son tus sueños para tu «Calendario de oración»? ¿Y qué puedes hacer hoy para convertir tu sueño en realidad?

 Responde al llamado de Dios para ti

La oración es en verdad la reina de todos los hábitos que podríamos desear como mujeres de fe. A medida que dejamos este capítulo acerca de los «Primeros pasos en la oración», quiero que te lleves este pensamiento.

> El que ha aprendido a orar
> ha aprendido el mayor secreto
> de una vida santa y feliz[3].

Estoy segura de que captaste la palabra «aprender». Aun así, espero y oro para que también te percates de la recompensa. ¡Todo tu aprendizaje y tus esfuerzos en la oración ayudarán a guiarte hacia una «vida santa y feliz»! Y el hermoso milagro es que una vida santa y feliz puede ser tuya cada día... de día en día... cuando respondes al llamado de Dios a orar. Así que deja que tu corazón comience a fluir ahora, ¡*hoy*! La oportunidad y el privilegio de hablar con Dios mediante la oración son tuyos... *si* ese es el deseo de tu corazón y *si* actúas de acuerdo con ese deseo.

Entonces, ¿cuáles serán tus primeros pasos?

¿Te gustaría saber más? ¡Echa un vistazo!

Analizaremos estos asuntos más adelante en nuestro libro, pero por ahora, ¿qué te dicen estos versículos de la Biblia sobre la oración y tu vida de oración?

Mateo 6:6:

Mateo 7:7-8:

Lucas 18:1:

Romanos 12:12.

Efesios 6:18:

Filipenses 4:6-7:

Colosenses 4:2:

1 Tesalonicenses 5:17:

1 Pedro 3:12:

Mi compromiso con la oración

¿Qué compromiso harás con la oración? Escríbelo aquí.
(Y recuerda, no tiene por qué ser largo. Solo unas cuantas
palabras sinceras pueden cambiar una vida... ¡y un corazón!)

Mi compromiso con la oracion
es de nunca cansarme, de
orar aunq' no tenga fuersas
y de fortalezerme en
la oracion, dia tras dia.

_____
(Firma)

_____
(Fecha)

Mi lista de cosas que no quiero olvidar...
...de este capítulo

¿Qué me impide orar?

*¿P*or qué muchísimas de las cosas que debemos atender en la vida como mujeres responsables, jóvenes o mayores, son difíciles de hacer? ¿Y si no son difíciles de hacer, son al menos difícil de comenzarlas? Piensa, por ejemplo, en salir de la cama por la mañana temprano. Para mí, esta es una de esas cosas difíciles de hacer (¡y estoy segura de que estás de acuerdo!). Luego comienza una lista de todo un día de gente que ver y lugares a los cuales ir.

La lista de lo que una chica ocupada «debe» y «tiene» que hacer parece interminable: una lista de cosas importantes que son necesarias y que otros esperan que hagamos.

Sin embargo, «la cosa más vital e importante» de la que «debemos» ocuparnos como mujeres de Dios y que «tenemos» que incluir en nuestro día es la *oración*. Sin importar lo difícil que sea nuestro trabajo personal o escolar, ¡es incluso más difícil hacer el trabajo *espiritual* de la oración! Si no tenemos cuidado, podemos pasar todo el día, y toda la noche, en tareas menos importantes, ¡cualquier cosa!, a fin de postergar la «tarea» más difícil, pero más gratificante de todas: la oración.

Tenemos bien claro que la oración es vital para cada etapa de nuestras vidas. Entonces, ¿por qué nos resulta tan difícil orar? Luego de pensar a través de las Escrituras y de buscar en mi corazón y mi vida, he descubierto algunas razones, y excusas, para no orar.

1. *Mundanalidad*: Vivimos «en el mundo» (Juan 17:11), y el mundo nos afecta más de lo que pensamos. A diario nos bombardea con «todo lo que hay en el mundo, los deseos de la carne, los deseos de los ojos y la vanagloria de la vida», lo cual «no proviene del Padre, sino del mundo» (1 Juan 2:16). Ninguna voz en el mundo nos dice que cuidemos las cosas espirituales. Y la oración es un ejercicio *espiritual*.

   Así que, ¡cuidado con el mundo! Estén alertas y oren para que no caigan en tentación (Mateo 26:41). Como lo expresó la autora de himnos: «Pon tus ojos en Cristo [...] Y lo terrenal sin valor será a la luz del glorioso Señor»[1].

2. *Ocupaciones*: Otra razón por la que no orar es que sencillamente no nos tomamos el tiempo para hacerlo. Y en general la culpa la tienen las ocupaciones. ¡No me malentiendas! La Biblia dice que una ética de trabajo fuerte es señal de un carácter fuerte.

   Sin embargo, la Biblia también nos muestra en la historia de dos hermanas llamadas Marta y María que se debe establecer un orden de prioridades entre nuestros deberes *espirituales* y nuestros deberes *cotidianos*. (Puedes leer al respecto en Lucas 10:38-42). En pocas palabras, Marta era una mujer muy ocupada que hacía muchas cosas buenas... pero llegó a tal extremo que en el día glorioso en el que fue a visitarlas Jesús, «se lo perdió». Literalmente se desmoronó cuando su hermana dejó el trabajo en la cocina para sentarse a los pies de Jesús, ¡Dios hecho carne!

Las dos hermanas amaban a Jesús y ambas lo servían con gusto. Aun así, María sabía cuándo dejar sus ocupaciones y hacer algo mejor, lo *único* que es más importante: pasar tiempo con Dios. Y, querida hermana, tú y yo debemos hacer lo mismo.

3. *Insensatez*: Siempre que nos consuman las cosas insensatas y triviales, no vamos a orar. ¡Es un hecho! ¿Y luego qué sucede? Comenzamos a perder la habilidad de distinguir la diferencia entre el bien y el mal (Hebreos 5:14), entre lo prudente y lo insensato, entre lo esencial y lo absurdo. ¿Y luego qué sucede? Perdemos de vista *lo* principal en la vida: ¡nuestra relación con Dios! Con insensatez gastamos nuestro tiempo, que es muy limitado e invaluable, y nuestra energía en las cosas «malas» e inferiores. No buscamos «primeramente el reino de Dios y su justicia» para que todas las otras cosas que necesitamos en la vida nos puedan ser añadidas (Mateo 6:33).

Entonces, gracias a Dios, ¡sucede lo contrario cuando oramos! Dios nos da sabiduría: ¡*Su* sabiduría! *Él* nos ayuda a dirigir nuestra energía, nuestros esfuerzos y nuestro tiempo hacia lo que importa de verdad cuando miramos la vida en perspectiva: vivir la vida de la manera que quiere Dios. Él nos ayuda a recordar que las cosas secundarias de la vida: la comodidad, la seguridad, el dinero y la moda, no provienen «del Padre sino del mundo» y que sin duda «se acaban» (1 Juan 2:16-17).

¡Así que ora, querida! Compromete tu vida con lo que importa *en verdad*. ¡Concentra tu vida en lo eterno, no en lo terrenal! Eso es lo que hace la mujer sabia... y lo hace a través de la oración.

> «¡Una mujer que está muy ocupada para orar, simplemente está muy ocupada!»

4. *Distancia:* Puedes hablar todo el día con gente que conoces muy bien, pero es probable que te resulte difícil hablar incluso cinco minutos con un extraño. Lo mismo sucede en nuestra comunicación con Dios. Cuando no tenemos una relación lo suficientemente íntima con Dios, nos resulta difícil hablar con Él. Así que la solución es evidente: debemos comenzar a hablar con Dios a través de la oración. Debemos acercarnos a Él (Santiago 4:8).

> «No es un tonto el que da lo que no puede retener, a fin de ganar lo que no puede perder».
> Jim Elliot

Si por *cualquier* razón estás posponiendo hablar con Dios mediante la oración, da un paso, *¡ahora mismo!*, para reconectarte. ¡Es urgente! ¡No lo postergues! Dios no ha cambiado, desaparecido, ni ha retirado su amor por ti, ni ha dejado de escucharte. No, si hay un problema, siempre está con nosotras. Así que, cierra la brecha. Acércate a Dios. ¡Solo da un paso en oración! Él te está esperando.

5. *Ignorancia:* En realidad, no entendemos la bondad de Dios, ni su deseo y habilidad para proveernos «muchísimo más que todo lo que podamos imaginarnos o pedir» (Efesios 3:20) y para «proveer de todo lo que necesitemos» (Filipenses 4:19). Por lo tanto, no pedimos ni oramos. Sin embargo, la verdad es que Dios nos quiere conceder nuestras peticiones, darnos los deseos de nuestro corazón y bendecirnos. Esa es su naturaleza. ¡Dios es bueno, amiga mía! Y Dios da con generosidad (Santiago 1:5). Con todo, Dios también quiere que le pidamos.

❈ *Clama a mí* y te responderé, y te daré a conocer cosas grandes y ocultas que tú no sabes (Jeremías 33:3).

�֍ *Pidan*, y se les dará [...] porque todo el que pide, recibe (Mateo 7:7-8).

Querida, ¡responde al llamado de Dios a orar y comienza a pedir! Pide con audacia y pasión por la salvación de tu familia y de tus amigos (Santiago 5:16). Pide de todo corazón la voluntad de Dios cuando tomes decisiones (Hechos 9:6). Pide por tus necesidades diarias en casa, en la escuela, en tu trabajo y con tus amigos (Mateo 6:11). Cultiva la fe ingenua del niño que, listo para ir a la cama, entró a la sala para anunciarle a su familia: «Me voy a decir mis oraciones. ¿Alguien quiere algo?».

6. *Pecaminosidad*: No oramos porque sabemos que pecamos contra nuestro Dios santo. Adán y Eva se escondieron de Dios después que pecaron (Génesis 3:8). El rey David dejó de orar y «guardó silencio» después que pecó (Salmo 32:3).

   Así que, ¿cuál es la solución para nuestra pecaminosidad? El rey David dice: «[Confiesa tus] transgresiones al SEÑOR» (Salmo 32:5). Santiago dice: «Confiésense sus pecados» (Santiago 5:16, LBD). Juan también dice «[Confesemos] nuestros pecados» (1 Juan 1:9). Y Jesús nos dice que oremos a Dios, pidiéndole que «nos perdone» nuestras deudas (Mateo 6:12). ¿Y luego qué sucede? Se vuelven a abrir las compuertas de comunión con Dios. Como lo dice David, quedó de nuevo «limpio [...] más blanco que la nieve». Y experimentó una alegría fresca y renovada (véase Salmo 51:7-12).

   Así que, como mujeres llamadas a la oración, no debemos negar nuestro pecado, culpar a otros, esconderlo ni justificarlo. En lugar de esto, haz lo que hizo David. Quebrantado, le declaró a Dios: «Contra ti he pecado, solo contra ti, y he hecho lo que es malo ante tus ojos» (Salmo 51:4).

¡Ay, por favor! ¡No pierdas la habilidad ni la oportunidad de orar por ti, por tu familia, tus amigos y por los que lo necesitan, debido a que eres demasiado orgullosa o testaruda para enfrentar el pecado! Hay demasiadas cosas en juego, y en riesgo, como para aferrarte a pecados secretos o «favoritos». Mantén cuentas cortas con Dios. Trata cualquier pecado a medida que surja, ¡en el momento!, ¡en el mismo minuto en el que resbalas y fallas!

Recuerda, «la oración de [la *justa*] es poderosa y eficaz» (Santiago 5:16). En otras palabras, la oración de la mujer temerosa de Dios, la que busca caminar en obediencia, la que confiesa y deja el pecado (Proverbios 28:13), obtiene poderosos resultados.

7. *Falta de fe*: En realidad, no creemos en el poder de la oración. No pensamos que la oración sea determinante... así que no oramos. Y, sin embargo, nuestro Señor enseñó que cuando tú y yo pedimos de acuerdo a su voluntad, «si ustedes creen recibirán todo lo que pidan en oración» (Mateo 21:22). Si te estás quedando sin fe, haz lo que hicieron los discípulos de Jesús. ¡Pídele a Dios que «aumente» tu fe (Lucas 17:5)!

8. *Orgullo*: La oración refleja nuestra dependencia de Dios. Cuando no oramos, decimos que no tenemos ninguna necesidad... o peor, parece que dijéramos: «Dios, me puedo cuidar sola, ¡gracias!». Sin embargo, Dios clama: «Si mi pueblo, que lleva mi nombre, se humilla y ora, y me busca y abandona su mala conducta, yo lo escucharé desde el cielo» (2 Crónicas 7:14).

«El SEÑOR está cerca de los quebrantados de corazón» (Salmo 34:18).

Así que seamos rápidas para humillarnos, para doblar nuestro corazón y nuestra rodilla, y orar a Dios. Oremos como lo hizo David: «Examíname, oh Dios [...] Fíjate si voy por mal camino» (Salmo 139:23-24). Disfrutemos de la bendición que surge de un corazón humilde.

9. *Inexperiencia:* No oramos porque... ¡no oramos! Y debido a que no oramos, no sabemos cómo orar... ¡así que no oramos! Es un círculo vicioso. Sin embargo, la oración, como cualquier habilidad, se torna más fácil cuando se repite. Cuanto más oramos, más sabemos cómo orar. Y cuánto más sabemos cómo orar, más oramos. Es así de simple.

Y en caso de que sientas que eres la única persona en la tierra que ha tenido dificultad para orar, ¡quiero decirte enseguida que no lo eres! Incluso los más cercanos a Jesús, sus discípulos, tuvieron el mismo problema. Observaron a Jesús orar. Escucharon cómo oraba Él. ¡Hasta lo escucharon cómo oraba por ellos! Al final fueron al Maestro de la oración en persona y le pidieron: «Señor, enséñanos a orar» (Lucas 11:1).

Haz esta misma oración para ti, querida hermanita. Ora: «Señor, ¡*enséñame* a orar!». Con todo, también da el primer paso y comienza a orar... y sigue orando, incluso cuando no tengas ganas, incluso cuando pienses que no produce ningún cambio, incluso cuando no sepas lo que haces o temes hacerlo mal. ¡Ora! ¡Rompe el ciclo!

> «Es una verdadera tontería imaginarse que se puede aprender el supremo arte de estar en íntima comunión con el Señor sin separar tiempo para eso»[2].

10. *Pereza*: Admitimos que los nueve obstáculos para una vida de oración poderosa que discutimos hasta ahora son asesinos de la oración. No obstante, incluso si superamos estas nueve razones para no orar, esta décima, la pereza, ¡decidirá nuestro futuro en la esfera de la oración!

A la hora de hablar de la pereza, las dos sabemos de qué se trata y hemos participado de ella, ¿no es cierto? Sé que tuve que romper algunos malos hábitos que me robaban tiempo necesario para transformarme en una mujer de oración. Dos principios simples me ayudaron a seguir adelante y a vencer la pereza... y aún dan resultados. ¡Ponlos en práctica!

El primero es «irme a la cama». Apenas termina la cena comienzo a prepararme para irme a la cama. Termino mi trabajo (para ti sería la tarea escolar), me lavo la cara y los dientes, reviso mi calendario para el próximo día, empiezo una lista de «quehaceres» para el día siguiente y me pongo el pijama. Luego pongo mi cuaderno de oración y mi Biblia en el lugar en el que tendré (¡si Dios quiere!) mi devocional a la mañana siguiente. Como verás, tengo una misión: irme a la cama lo antes posible... a fin de poder levantarme en la mañana, lo más temprano posible y encontrarme con Dios.

El segundo es mi principio de «algo es mejor que nada». Tuve que dejar de buscar la «dulce hora de oración» e intentar algo más realista. Comencé con unos «dulces cinco minutos de oración». Luego, con el tiempo, cuando comencé a gustar de los frutos de los momentos que pasaba en oración, fui pasando, poco a poco, a períodos de tiempo más largos de rodillas.

Mi lista de control
para la oración

✓ *Revisa tu corazón*: Revisa lo que entra a diario. Y revisa tu ambiente. ¿Qué... o quién... influye en ti? ¿Influye en ti de manera positiva en cuanto a las cosas de Dios?

Sé que como joven cristiana tuve que darle la espalda a algunas de las revistas más populares para mujeres. Cuanto más leía la Biblia y oraba, más me daba cuenta de que esas revistas me alimentaban con una dieta constante de mundanalidad. Sí, había algo de ayuda práctica allí; pero en general los mensajes eran opuestos con exactitud a lo que los mensajes que la Palabra de Dios enviaba a mi corazón.

Ahora bien, ¿cómo puedes «poner los ojos en Cristo» para que las cosas de este mundo se vayan desvaneciendo? Identifica tres cosas que puedes hacer para darle la espalda al mundo y para dirigir tu corazón hacia las cosas espirituales: hacia Dios.

✓ *Revisa tu relación con Dios*: Pregúntate: «¿Estoy orando con regularidad?». Si tu respuesta es *sí*, alabado sea Dios... sigue siendo fiel. No obstante, si tu respuesta es *no*, pregunta: «¿Por qué? ¿Qué pasó?». Luego fíjate en la lista de razones que se encuentra a continuación y circula la culpable de que no te permite ocuparte de tu relación y amistad con Dios. Identifica la excusa número uno que permites que te impida orar.

negligencia	amargura
pereza	postergación
pecado	otros intereses
orgullo	otras razones

Estoy segura de que sabes cuál es el siguiente paso: Detente ahora mismo, inclina la cabeza y el corazón delante de Dios, admite tu error al no orar... y luego ora, aunque sea por cinco minutos. O, dicho de otra manera, ¿qué excusas empleas para descuidar la oración? Recuerda, ¡Dios te está esperando! ¿De qué te gustaría hablar y qué quisieras arreglar con Él ahora?

✓ *Revisa tu deseo*: En casi todas las entrevistas por televisión o radio de las que participo concernientes a la oración, por lo regular se me pide que señale un paso que puede dar una mujer enseguida para comenzar a hacer que la oración sea una realidad en su vida. Mi respuesta siempre es la misma: «¡Tiene que desearlo!». Querida, a fin de cuentas, tenemos que desear orar, desear ser mujeres de oración, desear responder al llamado de Dios a orar.

Como verás, podemos saber que necesitamos orar y podemos aprender las habilidades que se necesitan para orar. A pesar de eso, si nunca lo deseamos, nuestros conocimientos y habilidades no sirven para nada. La oración nunca se transformará en un hábito ni en una disciplina si falta el ingrediente principal: ¡el deseo! ¿Cómo está tu Coeficiente de Deseo?

¿No existe?	¿Más o menos?
¿Casi lo logras?	¿Bien caliente?

¿Cómo puedes aumentar el nivel de tu deseo para orar? ¿Qué te parece que puede ayudar?

Responde al llamado de Dios para ti

Hemos pasado muchísimo tiempo, espacio y esfuerzo analizando las razones por las que no oramos. Así que ahora nos preguntamos: *¿Qué hace una joven conforme al corazón de Dios (¡esa eres tú!) para responder al supremo llamado de Dios a la oración?* Aunque no lo creas, no es tan difícil como piensas. Una vez que comienzas a ocuparte de tu corazón y de las cuestiones que hacen que no ores...

Orar es tan sencillo;
es como abrir fácilmente una puerta
y llegarse a la misma presencia de Dios,
para allí, en la quietud,
escuchar su voz;
o quizá para hacer una petición,
o simplemente para escuchar.
Lo que sea, no importa.
El solo estar en su presencia,
Eso es la oración[3].

Ahora, ¿no te deslizarás a la presencia misma de Dios? Te está esperando para que le cuentes de tu vida.

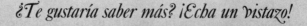

¿Te gustaría saber más? ¡Echa un vistazo!

Lee 1 Juan 2:15-17. ¿Cómo nos tienta el mundo? ¿Qué sucederá al final con las cosas del mundo?

¿Cómo dijo Jesús que enfrentemos las tentaciones que nos lanza el mundo (Mateo 26:41)?

Lee Lucas 10:38-42. ¿Qué ves en lo que hacían estas hermanas que era bueno? ¿Cuál era el problema de Marta? ¿Qué le dijo Jesús? ¿Qué dijo Jesús acerca de María? ¿Cómo puedes tomar la misma decisión que tomó María?

Lee el Salmo 32:1-5. ¿Qué sucede cuando no confiesas tu pecado a Dios? ¿Qué sucede cuando lo haces? ¿Qué sucede según 1 Juan 1:9?

Lee Lucas 11:1-4. ¿Cuál es la escena en el versículo 1? ¿Cómo les responde Jesús a sus discípulos? ¿Qué es lo que más te gusta del «Padrenuestro»? ¿Qué puedes sacar del modelo de oración de Jesús para añadir a tus oraciones?

Mi lista de cosas que no quiero olvidar... de este capítulo

_____

_____

_____

_____

_____

_____

_____

_____

_____

_____

_____

_____

_____

_____

_____

_____

_____

_____

_____

_____

_____

_____

Ora desde
el corazón

Cuando estés en problemas
o en necesidad... ¡Ora!

¿*Qué* es la oración? Refiriéndose a la oración como el «camino al corazón de Dios», mi amigo y autor Terry Glaspey escribe:

> La pregunta: «¿Qué es la oración?» [...] no solo explora los misterios de lo que significa ser humano, sino que también indaga en el misterio de Dios mismo [...] Como es un asunto demasiado profundo para el intelecto humano, requiere que dependamos de Dios como nuestro maestro[1].

Y esto, mi querida amiga de oración, ¡es justo lo que debemos hacer ahora mismo! Debemos depender de la Palabra de Dios, la Biblia, para encontrar la definición de la oración que tiene *Dios*. Al mismo tiempo, no podemos olvidar que la oración es parte del «misterio de Dios mismo». Esto significa que nunca la entenderemos por completo.

Piensa en la oración como si fuera una piedra preciosa con muchas facetas talladas, cada una hermosa y brillante, haciendo de esta gema algo magnífico en verdad. En este capítulo examinaremos dos de las emocionantes facetas de la oración, dos clases de oración un tanto diferentes.

En tiempos de problemas... ¡Ora!

Antes que todo, debes orar cuando estés en problemas. Y por «problema» no me refiero a algo que hayas hecho mal. (Analizaremos eso más adelante). No, este es el tipo de oración para esos tiempos en los que tienes un gran problema y necesitas con desesperación la intervención de Dios.

En ese momento le pedimos a Dios que nos ayude. Como nos dice Filipenses 4:6: «No se inquieten por nada; más bien, en toda ocasión, con oración y ruego, presenten sus peticiones a Dios y denle gracias». Está claro que tenemos que gritar *«¡Socorro!»* cuando alguien, algo... ¡o cualquier cosa!, nos cause problemas. Tenemos que acudir a *Dios* y orar a *Él* para que nos ayude con nuestras necesidades... como lo hizo la joven Ester.

La reina Ester enfrentó problemas: La historia de la reina Ester aparece en el libro de la Biblia que lleva su nombre. Cuando la hermosa Ester tuvo problemas, acudió a Dios y habló con Él. He aquí lo que sucedió...

Para salvar la vida del pueblo de Dios, la reina Ester tuvo que arriesgar su vida y acercarse a su esposo, el rey. Acercarse sin invitación a la presencia del rey se castigaba con la muerte... y a Ester no la habían llamado. Por lo tanto, ayunó durante tres días y tres noches antes de actuar. Solo entonces, se acercó con humildad a la única persona que podía ayudarla a ella y a su gente (los judíos). Las Escrituras nos informan que Ester fue al rey a implorar misericordia y a suplicarle por su pueblo.

¿Y el final de la historia? ¡Dios se puso a trabajar en las sombras de la noche y puso a funcionar una serie de acontecimientos fantásticos que llevaron a la salvación de su pueblo!

El rey Ezequías enfrentó problemas: Ezequías, rey de Judá, también oró a Dios en un momento de grandes problemas. En pocas palabras, Senaquerib, rey de Asiria, le envió una carta al rey Ezequías amenazándolo y menospreciando al «Dios viviente».

¿Qué hizo el rey? Ezequías tomó la carta, la «desplegó delante del Señor» y pidió la ayuda de Dios. Suplicó: «SEÑOR y Dios nuestro, por favor, sálvanos de su mano» (2 Reyes 19:19).

¿Y el final de la historia? ¿La respuesta a las oraciones de Ezequías pidiendo la ayuda de Dios? Dios mismo dijo: «Defenderé esta ciudad y la salvaré» (versículo 34).

¡Y no podemos detenernos ahí, no! El siguiente versículo informa: «Esa misma noche el ángel del SEÑOR salió y mató a ciento ochenta y cinco mil hombres del campamento asirio. A la mañana siguiente, cuando los demás se levantaron, ¡allí estaban tendidos todos los cadáveres!» (versículo 35).

Ahora bien, ¡*eso* sí que es una respuesta a la oración!

Jesús habló de los problemas: Jesús también nos dice que tenemos que orar cuando tengamos problemas. Él «les contó a sus discípulos una parábola [...] que debían orar siempre, sin desanimarse». (Lucas 18:1). Orar en lugar de desanimarse significa mirar a Dios cuando hay problemas. Esta clase de oración evita que nos derrumbemos.

> «El que más se arrodilla es el mejor en mantenerse en pie».
> D.L. MOODY

¿Qué causa un derrumbe? La debilidad por un lado y la presión por el otro. Cuando las cosas se ponen difíciles, no tenemos que desmayar, ni desanimarnos, ni ceder, ni darnos por vencidos, ni derrumbarnos. En su lugar, tenemos que orar a Dios, confiar en Él y seguir adelante.

Querida mía, en tiempos de problemas... ¡ora! Siempre puedes orar cuando te sientas impotente, cuando no puedas hacer otra cosa. Así que haz buen uso de tu arma de oración cuando te enfrentes a tus problemas.

Una vez leí la historia de un niño al que su hermano salvó de ahogarse y lo llevó a su casa inconsciente con un grupo de amigos. El padre agradecido quería saber con exactitud quién hizo cada cosa a fin de darle las gracias a cada chico como era debido. Así que le dijo a Juan...

—Bueno, Juan, ¿qué hiciste?

—¡Salté al agua y lo saqué! —le respondió.

—Y Santiago y Tomás, ¿qué hicieron ustedes? —preguntó el papá.

—¡Trajimos a Daniel a casa!

—Y María, ¿qué hiciste? —fue la siguiente pregunta.

La pobre y pequeña María, que solo tenía tres años, rompió en llanto y dijo:

—¡Papá, no pude hacer nada de nada, así que solo oré y oré!

Entonces su padre dijo con dulzura:

—María, mereces más elogios que los demás porque hiciste todo lo que podías y Dios respondió tus oraciones a través de Juan, Santiago y Tomás.

Amiga mía, cuando estés en problemas... cuando no puedas hacer nada al respecto... ¡solo ora y ora! Ve a Dios en oración durante los tiempos difíciles, cuando no sepas dónde más ir ni qué otra cosa hacer.

En tiempos de necesidad... ¡Ora!

Estoy segura de que eres como yo: tienes una lista muy pero muy larga de cosas que necesitas hablar con Dios, asuntos, problemas de la escuela, problemas relacionados con personas, tus padres, novios, amigas, problemas de soledad. Como tú y yo bien sabemos, nos enfrentamos a problemas a diario. Además, otros nos hieren. Y es posible que nos abrumen las tensiones y los dolores de la vida. Añade esto a la lista de dudas y preocupaciones acerca de nosotras mismas y de nuestras vidas, ¡y es fácil ver la tremenda necesidad de oración que tenemos!

Entonces, ¿qué podemos hacer? Esta próxima faceta en la joya de Dios de la oración nos instruye en lo que respecta a las necesidades personales de nuestro corazón y nuestra vida como mujeres de Dios: en tiempos de necesidad... ¡ora!

Vuelve a pensar en Filipenses 4:6. Aquí Dios nos dice que «en toda ocasión, con oración y ruego, presenten sus peticiones a Dios y denle gracias». También se nos dice «oren en el Espíritu en todo momento, con peticiones y ruegos» (Efesios 6:18). En otras palabras, hay algo que puedes, ¡y debes!, hacer en cuanto a las necesidades que te presionan en la vida, la familia, las amistades, la escuela, el trabajo y la vida de todos los días: Debes orar a Dios acerca de tus necesidades *específicas*, hablar acerca de las necesidades *específicas* de tu vida con Él, ¡con el Dios del universo! Por ejemplo:

☐ Jesús les dijo a sus seguidores que oraran por sus enemigos y por los que los perseguían (Mateo 5:44).

☐ Jesús también les enseñó a sus discípulos que oraran por su necesidad de comida diaria (Mateo 6:11).

☐ Pablo les pidió a otros que oraran por él para que tuviera oportunidades de predicar el evangelio de Jesucristo (Colosenses 4:3).

☐ Pablo oró por los creyentes filipenses, por su amigo Timoteo y por la salvación de sus compatriotas (Filipenses 1:1-4; 1 Timoteo 2:1-6).

☐ Jesús oró por su muerte (Mateo 26:36-46).

Nuestro Salvador y estos santos de antaño oraban por necesidades, deseos, problemas y peticiones específicas. Y nosotros

tenemos que hacer lo mismo. Debemos elevar los detalles cotidianos y las necesidades personales de nuestra vida a Dios a través
de peticiones específicas de oración. ¿Qué tipo de necesidades?

Salud y energía: ¡Esto es lo primero en mi lista! Dios nos ha
dado pesadas tareas de trabajo como cristianas. Nuestras listas
de quehaceres son largas... ¡y nuestros días también! Por lo tanto,
necesitamos orar pidiendo energía y fortaleza, concentración y
resistencia a fin de ser capaces de seguir avanzando hacia la meta
de terminar nuestro trabajo, ya sean las faenas de la casa, la tarea
escolar o en el empleo.

Actitud: ¡Ubícala cerca de la cima de tu lista de oración! Ora
por un espíritu gozoso, por paciencia frente a cualquier obstáculo...
o problemas con la gente que surjan durante el día. También ora
pidiendo dominio propio para que las emociones no se desborden
y hieran a alguien (Gálatas 5:22-23).

Fidelidad: También ora para mantener tus ojos, ¡y tu corazón!,
puestos en el final del día para que con insistencia logres llegar.
Ora para que puedas terminar tus proyectos. Cuando te encantaría estar haciendo otra cosa, pero tienes que ir a practicar un
deporte, terminar la tarea de la escuela, ayudar a tu mamá con
las labores domésticas, ayudar a tu papá con el trabajo del jardín
o ayudar a tu hermano menor, ora a fin de ser «[digna] de toda
confianza» (1 Timoteo 3:11).

Trabajo: Es probable que mi «trabajo» sea diferente al tuyo.
(Se parece más a tu tarea escolar: ¡Tengo que entregar mi trabajo
escrito en fechas límites!). No obstante, si trabajas cuidando chicos
o a medio tiempo en algún lugar, tus oraciones tendrían que
incluir tu centro de trabajo, tus compañeros y tu fidelidad en el
trabajo. Ora para trabajar gustosa y de buena gana con el corazón

y las manos, «como para el Señor» (Proverbios 31:13 y Colosenses 3:23).

Sabiduría: Toda mujer, sin importar su edad, ¡necesita la sabiduría de Dios en la toma de decisiones! Así que tenemos que pedirla: «Si a alguno de ustedes le falta sabiduría, pídasela a Dios, y él se la dará» (Santiago 1:5).

Relaciones: Todas las mujeres, ya sean más jóvenes o más viejas, se relacionan con padres y familiares que necesitan oración. También hay amistades y un deseo de compañerismo (¡tanto masculino como femenino!) del cual necesitamos hablar con Dios. Debemos orar, como dice Romanos 12:18, para «[vivir] en paz con todos».

Pues bien, estoy segura de que te darás cuenta de que nuestra lista de necesidades para orar crece sin parar... ¡y es cada vez más larga! ¡El bálsamo para nuestros corazones heridos y necesidades que nos consumen es responder al llamado de Dios a la oración y *orar!* Así que entrega tus estresantes preocupaciones, una por una, a tu Dios todopoderoso, omnisciente y que tiene gran misericordia. Solo orando siempre en el Espíritu lograremos sostenernos en el ojo de la tormenta. Solo allí conoceremos «la paz de Dios, que sobrepasa todo entendimiento» (Filipenses 4:7).

> «La oración perfuma toda relación».

Entonces, ¡que comiencen las oraciones! No te quedes empantanada en medio de pesadas preocupaciones de la vida cotidiana. ¡Ora en lugar de eso! «*En toda ocasión*, con oración y ruego, presenten sus peticiones a Dios». ¡Deja que tus oraciones asciendan! Envía el clamor de tu corazón a Dios todos los días a medida que oras minuto a minuto, paso a paso y palabra por palabra.

Mi lista de control
para la oración

✓ *Busca problemas*: ¿Te parece extraño? Siempre debemos recordar que los problemas son parte de la vida cristiana. Es algo que tenemos que aceptar como un hecho de la vida. Me ayudó muchísimo subrayar la palabrita «cuando» en Santiago 1:2: «Hermanos míos, considérense muy dichosos cuando tengan que enfrentarse con diversas pruebas». Al escribir sobre las pruebas de la vida, Santiago no dijo *si...* sino *cuando*. El apóstol Pedro también escribió acerca de las pruebas y los problemas. Nos exhortó: «Queridos hermanos, no se extrañen del fuego de la prueba que están soportando, como si fuera algo insólito» (1 Pedro 4:12).

Tú y yo, querida, ¡debemos enfrentar la vida con los ojos bien abiertos! Debemos aceptar el hecho de que existen los problemas. Luego tenemos que concebir un plan para enfrentar los problemas y resolverlos, a la manera de Dios. Por ejemplo, ¿qué pensarás cuando lleguen los problemas? ¿Qué pasajes de la Escritura usarás para mantenerte fuerte en el Señor mientras caminas a través de tus dolorosas pruebas? ¿Y qué, cuándo y cómo orarás por los problemas de la vida pasados, presentes y futuros? Tienes que estar preparada para los problemas. La sabiduría siempre tiene un plan, así que crea tu plan de acción para enfrentar los problemas. ¿Cuál será?

✓ *Busca a Dios en oración cada día:* Tus necesidades llegan a diario... y también lo hacen los desafíos y las dificultades. No cometas el error de pensar que puedes enfrentar los problemas, tomártelo con calma y disfrutar de la victoria *sin* la ayuda de tu todopoderoso Padre celestial. Sé sabia y pide ayuda a diario. Es su día y eres su hija. Y «con Dios obtendremos la victoria» (Salmo 60:12).

«Cobren ánimo y ármense de valor, todos los que en el SEÑOR esperan» (Salmo 31:24). Hoy necesitas dirección y Dios promete: «Yo te instruiré, yo te mostraré el camino que debes seguir [...] velaré por ti» (Salmo 32:8). Hoy necesitas sabiduría, y es tuya... si «[confías] en el SEÑOR de todo corazón, y no en tu propia inteligencia» (Proverbios 3:5). Hoy necesitas paciencia, y la paciencia es su especialidad, uno en su fruto del Espíritu (Gálatas 5:22).

«Mucha oración, mucho poder»[2].

Y la lista sigue... ¡como también la provisión de Dios para tus necesidades! ¿Cuáles son tus necesidades especiales hoy? ¿Cuáles de los versículos recién mencionados te alientan y por qué? Entonces, ¡ora!

✓ *Busca momentos especiales*: Los problemas son un hecho de la vida, ¡pero también lo son las bendiciones ricas y abundantes de Dios! Así que recuerda buscar y agradecer a Dios por... sus bendiciones. ¿Qué tipo de bendiciones o momentos especiales? Un momento especial llega con la luz del sol cada nuevo día: «El gran amor del SEÑOR nunca se acaba, y su compasión jamás se agota. Cada mañana se renuevan sus bondades; ¡muy grande es su fidelidad!» (Lamentaciones 3:22-23). Aquí hay otro: «Si por la noche hay llanto, por la mañana habrá gritos de alegría» (Salmo 30:5). Así que... «Alaba, alma mía, al SEÑOR; alabe todo mi ser su santo nombre [...] y no olvides ninguno de sus beneficios» (Salmo 103:1-2).

¿Qué beneficios te trajo Dios esta semana? ¿Hoy? Nómbralos aquí mismo, ahora. De esa manera se registrarán y no los olvidarás. Luego dale gracias... ¡efusivamente!

✎ *Responde al llamado de Dios para ti*

¿Estás entendiendo la importancia de una vida de oración con raíces profundas? Cuando tengas el hábito de la oración, es más probable que ores cuando surjan los problemas. Además, cuando tengas el hábito de la oración, es más probable que pienses en pedirle ayuda a Dios *primero* en lugar de hacerlo más tarde... o al final, cuando falla todo lo demás.

Así que oro para que el mensaje de Dios a tu corazón sea bien claro. Cuando tengas problemas... ¡ora! Cuando no sepas qué hacer... ¡ora! Cuando ya hayas hecho todo lo que puedes, pero todavía necesitas ayuda... ¡ora! Cuando te encuentres con una necesidad que solo Dios puede satisfacer... ¡ora! Cuando tengas una necesidad específica... ¡ora! La oración es la vía de Dios para ti. Él te llama a orar siempre que algo, ¡cualquier cosa!, sea importante para ti. Así que en tiempos de problemas y necesidad... ¡ora!

Ahora bien, ¿qué cambio debes realizar para ser más firme en la oración regular? ¿Qué harías para que tu vida de oración sea diferente de verdad? Piénsalo. ¿Qué cambio produciría? ¿Cuándo puedes empezar? ¡Ponlo en tu lista personal de oración, consigue el apoyo de otra persona para que te ayude a rendir cuentas y luego ponte a trabajar a fin de aumentar tus esfuerzos en la oración!

¿Te gustaría saber más? ¡Echa un vistazo!

Lee Ester 4:8-17. Toma nota de las diferentes formas en que Ester abordó sus problemas.

Lee 2 Reyes 19:14-19. Toma nota de las diferentes maneras en que el rey Ezequías abordó sus problemas.

¿Qué lecciones quieres recordar de la reina Ester y el rey Ezequías?

Haz una lista con tus cinco «necesidades» específicas más importantes, ya sean cuestiones, actitudes, problemas o relaciones.

¿Cómo te alientan, consuelan o instruyen los siguientes versículos en cuanto a tus necesidades y de cómo lidiar con ellas?

Mateo 6:11:

Romanos 12:18:

Filipenses 4:6-7:

Filipenses 4:19:

Santiago 1:5:

Mi lista de cosas que no quiero olvidar...
de este capítulo

_____

_____

_____

_____

_____

_____

_____

_____

_____

_____

_____

_____

_____

_____

_____

_____

_____

_____

_____

Cuando estés desilusionada
o herida... ¡Ora!

Estoy segura de que sabes lo que se siente cuando alguien te desilusiona o te hiere. Los amigos y la familia son parte de la vida, y ambos pueden traernos gran alegría... y a veces gran disgusto y dolor. Como en mi caso, es probable que hayas tenido algunas amistades que comenzaron muy bien, pero con el tiempo hubo algo que faltó o que salió mal. Tal vez la otra persona consiguió otra mejor amiga... u otra novia. Quizá tus amigos dijeron algo acerca de ti que no era cierto... o que te hirió. Tal vez se volvieron en tu contra. Quizá abandonaron esa amistad especial... y se unieron a una pandilla. Tal vez te decepcionaron cuando en verdad contabas con su ayuda. Y al final, te quedaste pensando: «¿Qué pasó?».

Cualquier cosa que fuera, las dos hemos atravesado por una situación similar cuando se trata de que los amigos o la familia te decepcionen o te lastimen. Y cuando todo acaba, nos sentimos confundidas y desalentadas. Por lo tanto, ¿qué tenemos que hacer cuando suceden cosas tan frustrantes y desgarradoras en nuestras relaciones? ¿Qué podemos hacer con nuestros corazones rotos? ¿Y cómo podemos seguir adelante?

Como siempre, Dios viene en nuestro rescate. Tiene todas las respuestas para nosotras... ¡y la oración es una de ellas!

Perdona a los demás y ora por ellos

Bueno, ¡nunca es fácil perdonar a la gente que nos desilusionó o que nos falló como amigos! Si no tenemos cuidado, podemos guardarles rencor y permitir que la amargura o el resentimiento comiencen a echar raíces en nuestro corazón (Hebreos 12:15). También podemos actuar de acuerdo a otra tendencia natural y desentendernos por completo de ellos. Sin embargo, la Palabra de Dios tiene sabiduría para nosotros en esta esfera. Tenemos que «[*perdonarnos*] mutuamente, así como Dios [nos] perdonó a [nosotros] en Cristo» (Efesios 4:32; Colosenses 3:13). También Jesús nos da el modelo, ¡*su* modelo!, para lidiar con los que nos desilusionan. Nos dice que tenemos que *orar* por ellos (Lucas 6:28). Así que *perdonamos... y oramos*.

Tres hombres piadosos de la Biblia nos muestran la mejor manera, mejor... no, en realidad, ¡la suprema!, de Dios para enfrentar nuestro dolor cuando las personas, incluso los amigos y la familia, nos defraudan.

Cuando la gente te decepcione, mira a Samuel: Samuel se pasó la vida enseñando la ley y los principios de Dios a su pueblo. Sin embargo, es triste que llegara el día en que rechazaran a Samuel y al mensaje que tenía para ellos. Entonces, Dios le dijo a Samuel que le hablara a la gente acerca de su pecado. ¿Qué pecado habían cometido? Querían un rey que los dirigiera en lugar de confiar en que Dios los dirigiera por medio de sus profetas: ¡profetas como Samuel!

Cuando Samuel confrontó a las masas con su pecado, se avergonzaron y le rogaron que orara por ellos. ¿Cuál fue la respuesta de Samuel ante la petición de oración de esa misma gente que lo rechazó y que desobedeció a Dios? ¿Les viró la cara? ¿Los dejó para que se las arreglaran solos? No, Samuel *perdonó* al pueblo de Dios y *oró* por ellos. Dijo: «En cuanto a mí, que el SEÑOR me libre de pecar contra él dejando de orar por ustedes» (1 Samuel 12:23).

Cuando la familia te decepcione, mira a Moisés: Moisés oró por su hermano, Aarón, después que los decepcionara a él y a Dios. Mientras Moisés no estaba, Aarón, el sumo sacerdote de Dios y la mano derecha de Moisés en el liderazgo, se quedó a cargo del pueblo de Dios. Está claro que desobedeció los mandamientos de Dios cuando hizo un becerro de oro para que lo adorara el pueblo de Dios (Éxodo 32:8; Deuteronomio 9:12-20), ¡y la cólera de Dios estalló!

¿Hasta qué punto se enojó Dios con Aarón? La Biblia informa que el Señor estaba muy enojado con Aarón y quería destruirlo (Deuteronomio 9:19). A Aarón le había llegado la hora. Estaba perdido. ¡Todo había terminado! Al parecer, no había esperanza para su vida. Sin embargo, Moisés *perdonó* a su hermano, *oró* y le pidió a Dios que le perdonara la vida a su hermano pecador.

Cuando los amigos te decepcionen, mira a Job: La Biblia describe a Job como «recto e intachable», como alguien que «temía a Dios y vivía apartado del mal» (Job 1:1). Sin embargo, sus amigos lo atacaron de palabras en el mismo momento en que estaba soportando la pérdida de casi todo lo que tenía: la familia, la salud y la riqueza.

¿Cómo enfrentó Job las críticas de sus amigos? ¿Cómo respondió a su falta de comprensión y al hecho de que no lo ayudaran en su momento de necesidad? Job fue paciente. Job fue humilde. Y, por último, Dios mismo entró en escena y puso fin a las acusaciones y falsas suposiciones de los amigos de Job acerca del porqué de su sufrimiento.

Sin embargo, luego de recibir muchas críticas de estos compañeros cercanos, Job oró por sus amigos. Es más, Dios le envió *a* Job el trío de amigos pecadores diciendo: «Vayan con mi siervo

Job [...] Mi siervo Job orará por ustedes, y yo atenderé a su oración y no los haré quedar en vergüenza» (Job 42:8). Y Job, hombre recto, *perdonó* a sus amigos y *oró* por ellos.

¡Cuida tu corazón!

Samuel perdonó al pueblo de Dios... y oró por ellos. Moisés perdonó a su hermano... y oró por él. Job perdonó a sus amigos que lo criticaban... y oró por ellos. Esto es lo que tú y yo tenemos que hacer. ¿Cómo es posible? Es posible cuando cuidamos nuestro corazón. El Salmo 66:18 explica en cuanto a la oración: «Si en mi corazón hubiera yo abrigado maldad, el Señor no me habría escuchado». Y Proverbios 28:9 declara: «Dios aborrece hasta la oración del que se niega a obedecer la ley».

«Tenemos que perdonar a los demás para poder orar por ellos».

Si no perdonamos a los demás, no obedecemos a Dios. Eso significa que nuestros corazones ya no son puros y nuestras oraciones le resultan repulsivas a Dios. Entonces no podemos orar por otros... debido a nuestro pecado de falta de perdón. Es un círculo vicioso, ¡uno en el que no deseas entrar! Así que esto es lo que tenemos que hacer: Debemos perdonar a otros... para que nuestros corazones sean aceptables delante de *Dios*... a fin de orar por los que pecan, por los que fallan y por los que nos decepcionan (Santiago 5:16).

Así que, ¡ten cuidado, querida mía! Jesús dice: «Amen a sus enemigos» (Mateo 5:44). Cuando se trata de orar por otros en una situación de dolor, no puede haber un sistema personal de rendición de cuentas por los errores cometidos.

¿Qué tendríamos que hacer? Perdonar a los demás y orar a Dios por ellos, incluso por los que nos decepcionan y nos hieren. La actitud de nuestro corazón, aun hacia nuestros enemigos, tendría que ser como la de Samuel: «¿Orar por ti? ¡Sí, hasta mi último suspiro! Que Dios me libre de pecar contra él dejando de orar por ustedes»[2].

Dale una mano

¿Conoces la fábula que cuenta la historia del hombre que grita pidiendo ayuda mientras se ahoga en un río? Mientras tanto, en el puente que se extiende sobre el agua, otro hombre está apoyado con tranquilidad contra la baranda mirando cómo lucha el primero. De acuerdo con la historia, el observador le dice al hombre que se está muriendo lo que *tendría* que haber hecho y le informa lo que *debería* hacer si alguna otra vez se encuentra en esa situación. En lugar de extender la mano para ayudar y salvar la vida del moribundo, no deja de hablar.

Está claro que el hombre que se estaba muriendo no necesitaba un sermón. ¡Necesitaba ayuda! ¡Necesitaba que alguien le salvara la vida!

> «El amor no lleva cuenta de los males. El amor no se acuerda de los errores».
> 1 Corintios 13:5[1]

Eso es lo que tú y yo debemos hacer cuando se trata de orar por los que caen y fracasan. ¡Debemos ayudarlos! Tenemos que dejar de lado nuestra desilusión, dejar de dar sermones, dejar de lado nuestros juicios y ponernos a trabajar a fin de ayudar y orar por otros. Sí, la corrección y la instrucción pueden venir después. Más adelante podemos hablar del incidente y tratar de reconstruir nuestras relaciones. Sin embargo, cuando una persona fracasa y está en problemas, asegúrate de orar... ¡*y* dale una mano!

> SEÑOR, hazme un instrumento de tu paz,
> Que donde haya odio, lleve yo el amor.
> Que donde haya ofensa, lleve yo el perdón.
> Que donde haya discordia, lleve yo la unión.
> San Francisco de Asís

Ayuda para tu corazón herido

¿Estás lista para recibir más ayuda para tu corazón herido? Otra faceta de la atesorada gema de la oración es la oportunidad de pelear tus batallas en oración en lugar de hacerlo contra una persona. Cuando alguien te ha herido, cuando te duele el corazón debido a la traición, a la injusticia o a la maldad, puedes transformarte en una guerrera de oración.

Conoce a alguien que tuvo el corazón herido: Conoce a David, guerrero y rey, ¡y un guerrero de oración! En el Salmo 55, David derrama su corazón destrozado y sangrante en una oración y clama a Dios en contra de sus enemigos. A David lo habían traicionado su familia y sus amigos y él fue a la batalla a través de la oración.

El trasfondo de este salmo es del todo desgarrador. Absalón, su mismo hijo, le había quitado Jerusalén, «la ciudad de David». Para empeorar las cosas, Ajitofel, el mejor amigo de David, se alejó de él para seguir a Absalón. La gente de la ciudad también se puso en su contra y lo echó fuera.

¿Te hirieron a ti?: Mientras escribo desde mi escritorio, pienso en ti, mi querida hermana menor. Me pregunto: *¿Te hirieron a ti?* No pasa ni un día sin que reciba cartas y correos electrónicos de mujeres, jóvenes y ancianas... y todas las que están en el medio, a las que han herido. Sé de primera mano que las personas lastiman a otras personas. También sé que hay miembros del pueblo de Dios que lastiman a otros miembros del pueblo de Dios. Y soy consciente de que hay familiares que lastiman a otros de la familia.

Entonces, ¿qué debemos hacer, como mujeres de Dios, cuando nos duele el corazón y cuando nos lastiman seres queridos: amigos, familia, los que admiramos y respetamos, esos en los que confiamos? La respuesta, por supuesto, es... *¡orar!* Y David nos muestra la manera.

Lecciones acerca de la oración desde un corazón herido

Primera lección: Encomienda tu carga al Señor. David sabía *dónde* ir y *qué* hacer. Sabía «[encomendar] al SEÑOR [sus] afanes» (Salmo 55:22).

> Escucha, oh Dios, mi oración; no pases por alto mi súplica. ¡Óyeme y respóndeme! [...] Se me estremece el corazón dentro del pecho, y me invade un pánico mortal (versículos 1-2, 4).

Al igual que David, tú y yo tenemos un Padre todopoderoso y amoroso que nos ayuda a llevar nuestras cargas.

> «Dios es el que nos dice: echa sobre mí tu ansiedad, ¡porque te tengo en el corazón!»[3]

Segunda lección: Resiste la tentación de salir corriendo. El deseo natural de David era dejar la escena, huir del problema y del dolor. ¿Quién no pensaría: «De ninguna manera me quedo aquí para soportar. ¡Me voy! No necesito esto»? ¡Así que David deseaba tener alas!

> ¡Cómo quisiera tener las alas de una paloma y volar hasta encontrar reposo! Me iría muy lejos de aquí; me quedaría a vivir en el desierto. Presuroso volaría a mi refugio (versículos 6-8).

Amada, cuando te encuentres rodeada de «enemigos» o sufriendo debido al fracaso de tus amigos, ¡sin duda desearás tener las alas de una paloma y volar hasta encontrar reposo! Aun así, debes quedarte y pelear tu batalla poniendo tus oraciones en orden. ¡Y debes orar, orar y orar!

Puedes estar segura, amada que oras, que si hace falta una «salida», si el calor de la batalla es cada vez más fuerte de lo que puedes soportar, «Dios es fiel». Promete que *Él* proveerá una salida (1 Corintios 10:13). *Él* te salvará. *Él* vendrá en tu ayuda. *Él* te rescatará. ¡*Él* se ocupará! Puedes depender de *Él*... Como declaró David: «Yo clamaré a Dios, y el SEÑOR me salvará [...] él me escucha» (Salmo 55:16-17).

Tercera lección: Cree que Dios te sostendrá. La confianza de David en Dios es poderosa. Repite con insistencia sus oraciones, sin darse por vencido jamás, repitiendo una y otra vez las verdades que dicen que Dios lo cuidará: «El SEÑOR me salvará [...] él me escucha [...] ¡Dios [...] habrá de oírme y los afligirá! [a mis enemigos] [...] no permitirá que el justo caiga» (Salmo 55:16-22). Por último, luego de orar de esa manera y de contar con las promesas de Dios, ¡David exclama su convicción final: «En ti confío» (versículo 23)! Sus oraciones llegaron en definitiva a su alma. Por fin, David deja de pensar en el enemigo y pone toda su concentración, y su confianza, en el Señor Dios todopoderoso que escucha los ruegos de su pueblo y los salva.

Ah, querida amiga, cuando ya no parece haber más esperanza, pon en funcionamiento la fe que te dio Dios y confía en el Señor. Cree que sin importar la carga que lleves, Él te sostendrá con ella hoy... ¡y todos los días de tu vida!

Mi lista de control
para la oración

✓ *Revisa tu corazón*: Un corazón que perdona es uno que ora por los demás. Si crees que no puedes perdonar a alguien, considera estas verdades acerca de *tu* corazón: «Pues todos han pecado y están privados de la gloria de Dios»; «si alguno piensa que está firme, tenga cuidado de no caer»; «si afirmamos que no tenemos pecado, nos engañamos a nosotros mismos y no tenemos la verdad»[4].

¿Hay alguien al que no perdonas? ¿Qué ejemplo nos dio Jesús cuando oró en la cruz: «Padre, perdónalos, porque no saben lo que hacen» (Lucas 23:34)? ¿Cómo puedes seguir su ejemplo?

✓ *Revisa tus relaciones*: Cristo te llama a amar a los demás, incluso a tus enemigos. Sus instrucciones acerca de los que te hacen mal vienen de Lucas 6:27-28:

> *amen...* a sus enemigos,
> *hagan bien...* a quienes los odian,
> *bendigan...* a quienes los maldicen,
> *oren...* por quienes los maltratan.

¿Qué bien puedes hacer por alguien que te hizo daño o te defraudó? ¿Le hablas con amabilidad a los que te calumniaron y te atacaron de palabras y hablas bien de ellos? ¿Qué compromiso puedes hacer a fin de orar por los que te han herido o decepcionado? Busca a Dios y pídele ayuda. Luego haz lo que Él te señale para amar a tus enemigos.

✓ *Revisa tu vida de oración*: Cuando te duele el corazón, es el momento exacto para buscar a Dios de rodillas. ¡Ora! No te permitas despotricar, deshacerte en lágrimas, desmoronarte, ni desalentarte. En lugar de darte por vencida, ¡ora (Lucas 18:1)! Y mientras oras, encomienda tus preocupaciones y tus cargas al Señor (Salmo 55:22).

Con la ayuda de Dios, y con mucha oración, sigue adelante con la vida... en silencio, con alegría, en el poder y la gracia del Espíritu Santo (Gálatas 5:22-23). Sigue adelante, sabiendo que Dios todavía está en su trono. Aún tiene el control, aún es soberano, todopoderoso, sigue siendo hábil... ¡y siempre lo será! Y se ocupará de los que dañan a sus hijos (Salmo 37:7-9). ¡Él lo promete!

¿Cuál fue tu reacción la última vez que alguien te decepcionó o te lastimó? La próxima ocasión en que alguien te defraude o que sea cruel contigo, ¿qué mejor respuesta (¡por la gracia de Dios!) quisieras dar? ¿Cómo puede ayudar la oración?

Responde al llamado de Dios para ti

¿Qué sucede cuando te vuelves hacia Dios y respondes a su llamado a la oración mientras pasas tiempos de angustia y dolor? Dios endulza lo que es amargo (Éxodo 15:23-25). Hace que el que está triste se ponga contento (Salmo 30:11). Y transforma algo malo en algo bueno (Romanos 8:28). Por favor, ¡no desees que no vengan tiempos difíciles! Algunos de tus momentos más valiosos con Dios vendrán cuando hables con Él acerca de tu corazón herido. Así que sal volando en oración... ¡y descansa en Él!

Ahora bien, ¿qué te preocupa, mi preciosa amiga lectora? Estoy orando aquí en mi escritorio por ti mientras te enfrentas a tus desafíos. Oro para que en los momentos en que tengas problemas, ¡nunca olvides orar a tu Dios todopoderoso, que hace milagros y mueve montañas! ¡No te quedes ahí parada! ¡No te derrumbes! ¡No te preocupes! ¡Ni sufras! «¿Está afligido alguno entre ustedes? Que *ore*» (Santiago 5:13).

¡Oh qué amigo nos es Cristo!

¡Oh qué amigo nos es Cristo!
Él llevó nuestro dolor,
Y nos manda que llevemos
Todo a Dios en oración.
¿Vive el hombre desprovisto
De paz, gozo y santo amor?
Esto es porque no llevamos
Todo a Dios en oración.

¿Vives débil y cargado
De cuidados y temor?
A Jesús, refugio eterno,
Dile todo en oración.
¿Te desprecian tus amigos?
Cuéntaselo en oración;

En sus brazos de amor tierno,
Paz tendrá tu corazón.
Jesucristo es nuestro amigo,
De esto prueba nos mostró,
Pues sufrió el cruel castigo
Que el culpable mereció.
El castigo de su pueblo
En su muerte Él sufrió;
Cristo es un amigo eterno;
¡Solo en Él confío yo![5]

¿Te gustaría saber más? ¡Echa un vistazo!

¿Qué dicen estos versículos que deberías hacer cuando alguien te desilusiona o te lastima?

Efesios 4:32:

Colosenses 3:13:

Lucas 6:27-28:

1 Corintios 13:5:

¿Cuál tendría que ser tu actitud cuando otros fracasan?

Proverbios 24:17-18:

1 Corintios 10:12:

Gálatas 6:1-2:

¿Qué te enseñan estos versículos acerca del sufrimiento?

Juan 16:33:

2 Timoteo 2:12:

Santiago 1:2:

1 Pedro 1:6:

¿Qué dice Dios que debes hacer cuando sufres?

Salmo 55:22:

1 Pedro 5:7:

Mi lista de cosas que no quiero
olvidar... de este capítulo

_____
_____
_____
_____
_____
_____
_____
_____
_____
_____
_____
_____
_____
_____
_____
_____
_____
_____
_____

Cuando estés preocupada
o abrumada... ¡Ora!

*¿T*e gustaría conocer el modelo típico de persona que se preocupa siempre? Bueno, puedes tachar eso de tu lista de metas. La conociste... ¡soy yo! Es más, debería escribir un libro titulado *Confesiones de una eterna preocupada*. Pero hasta entonces, créanme, he visto el interior del consultorio de un doctor más de una vez. Hay de todo: una úlcera sangrante, colitis, una eczema que me subía hasta los codos; ya estuve allí. Y sé que no estoy sola. A mujeres de todas las edades les encanta preocuparse... ¡por todo y cualquier cosa!

¿Cuáles son las cosas que más nos preocupan? Nos preocupamos por las relaciones con nuestros padres, hermanos, amigos y conocidos. ¡Y no podemos parar allí! No, también tenemos que preocuparnos por las relaciones con nuestros enemigos: ¡para saber qué hacer y de qué manera enfrentar esos problemas!

Después, hay otros puntos en la «Gran lista de cosas para preocuparse». Estos incluyen preocuparse por lo que los demás piensan de nosotras, por la manera en que nos vemos: si somos demasiado gordas o demasiado flacas, si somos lo bastante bonitas. Y no dejemos fuera la preocupación por la salud, la seguridad, los recursos financieros para la educación, los novios, las citas amorosas, el futuro... muy bien rematado con preocupaciones por las tareas escolares, los exámenes y las notas, unido a cómo pararse frente a los demás y por un acontecimiento social próximo.

¡Y aquí tenemos otra gran esfera! Mi esposo y yo estábamos en la ciudad de Nueva York el día que derrumbaron el Centro de Comercio Mundial, el 11 de septiembre de 2001. El ataque terrorista vino justo seis horas después de haberle dado la bienvenida a este mundo al bebé de mi hija Katherine, Matthew... en el mismo hospital que se transformó en la unidad de quemados para las víctimas del desastre ese día. Muchos neoyorquinos se preocupan aún por otro ataque terrorista... igual que la mayoría de nosotros.

Y nos preocupamos por la guerra.

La lista de preocupaciones es interminable. Y, sin embargo...

Dios nos manda: «¡No se preocupen!»

¿Sabías que alrededor de trescientas veces en el Nuevo Testamento Dios nos manda a que no nos preocupemos ni estemos ansiosos? Una de estas veces se encuentra en Filipenses 4:6-7:

> No se inquieten por nada; más bien, en toda ocasión, con oración y ruego, presenten sus peticiones a Dios y denle gracias. Y la paz de Dios, que sobrepasa todo entendimiento, cuidará sus corazones y sus pensamientos en Cristo Jesús.

Amadas, estos son los versículos que al fin me hicieron entrar en razón en cuanto a mi hábito de preocuparme y a sus efectos devastadores. Hablaron con tanta claridad a mi preocupado corazón que escribí los versículos en una tarjeta y los memoricé. Repasé estos pasajes y los recité una y otra vez. Nunca salía sin mi tarjeta para memorizar. Llevaba el mandamiento de Dios conmigo, de manera física en la tarjeta y de manera espiritual en mi corazón, y lo desmenucé palabra por palabra.

Y, sin duda, al igual que la Palabra activa y poderosa de Dios siempre lo hace, comenzó a cambiarme el corazón y la mente (Hebreos 4:12). Pasé de preocuparme a alabar. En lugar de inquietarme, comencé a confiar en el Dios de la promesa. Esto fue lo que descubrí.

El mandamiento: «No se inquieten por nada». La Palabra de Dios nos instruye con claridad para que nos ocupemos de nuestras responsabilidades, de nuestras relaciones y de la vida diaria. Pero más allá de eso, no debemos preocuparnos... por nada... nunca... ¡punto! En la carta de Filipenses, donde se encuentra esta medicina para los que se preocupan, conocemos a algunas personas que tenían muchas causas para preocuparse.

Antes que todo, los mismos filipenses tenían problemas con *personas*: tenían enemigos que se les enfrentaban en su batalla por su fe en el evangelio (Filipenses 1:27-28). Como resultado, tenían problemas *emocionales* en potencia: su gozo en el Señor corría riesgo (3:1). Además, tenían problemas *espirituales* en potencia: su fuerza para la batalla estaba en peligro (4:1).

> «Confía en el SEÑOR de todo corazón» (Proverbios 3:5).

Luego estaba Pablo, el hombre que le escribe este consejo a los filipenses. ¡Hablando de problemas! Pablo estaba en la cárcel... ¡esperando para ver si iba a vivir o a morir! Además de esta situación de mucha tensión, Pablo también sufría de algún tipo de «espina en el cuerpo» (2 Corintios 12:7) física o personal. A pesar de escribir desde su propia vida llena de problemas, Pablo les da este mandamiento a sus amigos en Filipos... y a nosotras:

No se inquieten por nada.

Estas cinco palabras dejan en claro que, para el cristiano, Dios prohíbe toda preocupación. ¡Y se acabó!

El alcance del mandamiento: «No se inquieten *por nada*». Toma el bolígrafo y haz un círculo alrededor de las palabras «*por nada*» en las cinco palabras de arriba. La versión Reina Valera traduce la primera parte de Filipenses 4:6: «Por nada estéis afanosos». ¿Qué es «nada»? Una vez escuché que un maestro de la Biblia dijo: «¡*Nada* es un cero sin el borde!». Ese es el mensaje de Dios para nuestros corazones. Cuando se trata de preocuparse, no tenemos que inquietarnos «por nada». ¡No hay muchas otras palabras además de *nada* para describir el alcance del mandamiento de Dios!

Tal vez te preguntes: *Sí, lo entiendo... ¿pero qué hago para no preocuparme?* Bueno, ¡anímate! Dios tiene la respuesta para todos tus problemas...

La solución: ¡La oración! «Presenten sus peticiones a Dios». Es verdad, la vida es difícil, está llena de problemas y tensión. Es verdad, la preocupación es una tendencia natural. Y, alabado sea Dios, ¡es verdad que hay algo que podemos hacer para no preocuparnos! Y sí, *podemos* obedecer el mandamiento de Dios de no inquietarnos por nada. La solución de Dios es la siguiente: Cuando estés preocupada... ¡ora! ¡Ora *desde* tu corazón y *con todo* tu corazón! ¡Ora, ora y ora!

Así como los colores del arco iris a través del cielo, Dios nos da varias maneras brillantes para ganarle a las preocupaciones. En lugar de preocuparnos por *cualquier* cosa, Él nos dice: «en *toda* ocasión [...] presenten sus peticiones a Dios». ¿Cómo?

❏ A través de la oración: La oración es adoración, pero también es el lugar en donde toda verdadera adoración comienza... ¡y toda preocupación termina!

❏ A través del ruego: ¿Tienes alguna necesidad o preocupación? ¡Entonces ora! Con audacia ve delante del trono de la gracia de Dios en tus tiempos de necesidad... y con tus necesidades (Hebreos 4:16). No dejes de disparar tus oraciones en dirección al cielo y de pedirle al Dios todopoderoso del universo. ¡Él puede resolver todos tus problemas! Como verás, podemos pedir y no preocuparnos... o podemos preocuparnos porque no pedimos. Es una cosa o la otra: y la opción es nuestra.

❏ Con acción de gracias: Un corazón agradecido que se concentra en el poder soberano de Dios sobre todas las cosas y sobre sus propósitos en todo, no puede preocuparse. Tampoco puede preocuparse un corazón que confía, que descansa. Así que da gracias a Dios ahora. ¡Agradécele con entusiasmo!

❏ A través de peticiones: «Presenten sus peticiones a Dios» con suma confianza. No retengas nada, grande ni pequeño. No le ocultes nada, ninguna de tus preocupaciones, a Dios. ¡Él quiere *todas* tus preocupaciones! Así que preséntaselas. Déjalas en el regazo del Todopoderoso.

El resultado: ¿Y luego qué sucede? «La paz de Dios» viene a nuestro rescate. «Cuidará [nuestros] corazones y [nuestros] pensamientos en Cristo Jesús». En otras palabras, como un misionero tribal tradujo esta verdad de manera tan hermosa y simple: «Jesús hará que tu corazón se siente».

Una vez que tu corazón se sienta, la paz lo cuida. Al igual que un soldado, la paz de Dios guarda tu corazón, ¡y tu mente!, en contra del temor, las preocupaciones, las tensiones y las inquietudes. ¿Cuál es el resultado? La batalla contra la preocupación está ganada.

Sin embargo, hay otra situación en la vida que sobrepasa a la preocupación, y es cuando estás abrumada. Estoy segura de que alguna vez en la vida alguna crisis seria, trascendental y casi insoportable te sacudió hasta la médula. Un tiempo en el que te sentiste destrozada. Un tiempo en el que creíste que no podías seguir adelante... o no estabas segura de cómo hacerlo. Es lamentable, pero el dolor y la pena, la pérdida y la tragedia, la confusión y la frustración tocan todas las vidas. Es tal como Jesús nos advirtió: «En este mundo afrontarán aflicciones» (Juan 16:33). Es terrible, ¿no es verdad?

Si las pruebas terribles son un hecho de la vida, ¿qué podemos hacer cuando pasemos por estas experiencias? Respuesta: Podemos ir directamente a Dios porque tiene una serie de instrucciones para hacer que la vida marche cuando parece que nunca más lo hará. Dios nos ha dado dos recursos gloriosos, sí, ¡dos!, para enfrentar una situación desoladora.

En primer lugar, cuando estamos abrumadas, tenemos la Biblia, la guía de Dios para manejar toda la vida y cada uno de sus problemas (2 Pedro 1:3).

Y en segundo lugar...

Dios nos ayuda a orar

A través del acto de la oración tú y yo podemos buscar el corazón y la mente de Dios *para* nuestras situaciones difíciles. Esto se debe a que Dios nos ayuda a responder su llamado a la oración. Nos da esta seguridad para nuestros tiempos difíciles:

> Así mismo, en nuestra debilidad el Espíritu acude
> a ayudarnos. No sabemos qué pedir, pero el Espí-
> ritu mismo intercede por nosotros con gemidos

que no pueden expresarse con palabras [...] el Espíritu intercede por los creyentes conforme a la voluntad de Dios (Romanos 8:26-27).

Aquí descubrimos que Dios mismo nos da ayuda y esperanza en nuestras situaciones imposibles. El Espíritu Santo literalmente viene a rescatarnos ya que «se produce» en nosotros cuando estamos en problemas. Nos ayuda orando y rogando a Dios a favor nuestro, con «gemidos» y suspiros que frustran las palabras. Es sobrenatural, así que no podemos entenderlo. Aun así, en lenguaje simple, el Espíritu Santo gime y suspira *por* nosotros en oración.

¡Qué buena noticia! Cuando no sabes por qué orar, de qué manera orar, ni qué palabras usar, ¡el Espíritu Santo lo hace! Toma el control y expresa nuestras peticiones a Dios *en lugar de* nosotros. El Espíritu toma el control por nosotros y suplica a la única persona que puede ayudarnos: Dios mismo.

¡Gracias a Dios que no estás sola para enfrentar tus problemas! De esta manera son las cosas para ti (y para mí también) cuando pasas por un dolor y una pena abrumadora. El Espíritu Santo intercede. A veces sufres en lo personal debido a tensiones físicas o emocionales. Otras veces oras por padres que sufren o por un hermano herido. También te acercas a Dios cuando hay una pérdida, una tragedia, un trauma, un ataque, un accidente. Sabes que deberías orar. Quieres orar. Intentas orar. Buscas las palabras para contarle a Dios acerca de tu corazón roto... pero no encuentras ninguna.

¡Pero anímate! Cuando tu corazón está tan afligido y desconcertado que ni siquiera sabes de qué manera orar ni qué decirle a Dios, una vez más el Espíritu Santo se encarga de hacerlo en tu lugar.

Una palabra para ti: De nuevo te digo: «¡Dale gracias a Dios!». Dale gracias por conocer tus debilidades, tu corazón, tus sufrimientos, tu deseo y tu necesidad de orar. También sabe cuándo no puedes orar, así que *Él*, por medio de su Espíritu Santo, ¡viene a rescatarte y ora por ti!

Entonces, ¿qué podrías, y tendrías, que hacer cuando te enfrentas a una adversidad abrumadora?

Mi lista de control
para la oración

✓ *No...* pases un día sin orar: Si juegas a orar un día sí y uno no, es evidente que descubrirás que tu nivel de preocupación es más alto los días que no oras. La oración es la solución infalible de Dios para eliminar las preocupaciones. *Si* oras, no estarás ansiosa. *Si* oras, estarás tranquila. También sucede lo contrario. Si *no* oras, estarás ansiosa. Si *no* oras, no estarás tranquila.

Así que... sé fiel a la oración. Habla con Dios acerca de tu vida... en lugar de preocuparte por ella. ¿Qué asuntos te tientan a preocuparte? Escríbelos en algún lugar especial: en tu diario o en un cuaderno. Registra tu fidelidad en la oración en «Mi calendario de oración» (véase páginas _____). También registra cualquier cambio en tu nivel de preocupaciones en estas esferas a medida que oras al respecto.

✓ *Sí...* establece un «día de preocupaciones»: No puedo resistir el deseo de pasarte esta divertida, ¡y graciosa!, solución para esos momentos en los que piensas que *tienes* que preocuparte por *algo*.

A un hombre que no podía dejar de lado sus problemas por completo se le ocurrió su propia solución. Decidió que lo mejor sería apartar un día, el miércoles, para preocuparse por todo lo que se tenía que preocupar. Cuando surgía algo que le molestaba durante la semana, lo anotaba y lo ponía en su «Caja de preocupaciones de los miércoles».

Para su gran sorpresa, cuando llegó la hora de examinar sus problemas de alto nivel de ansiedad, se encontró con que la mayoría ya se habían resuelto. ¡Ya no había necesidad de preocuparse! Descubrió que la mayoría de las preocupaciones son innecesarias y son una pérdida de preciosa energía[2].

Sé que estás orando, eso era parte de la primera actividad de control. Con todo, si no puedes resistir una buena serie de preocupaciones, ¿qué día escogerás para que sea tu «día de preocupaciones»? ¡Solo asegúrate de *esperar* hasta ese día para preocuparte! También registra lo que sucedió con tu inquietud durante la semana.

✓ Sí... da lo mejor de ti misma: A veces tu corazón grita: «¡Me duele mucho! ¡Es demasiado, no creo que pueda orar!». ¿Qué debes hacer cuando sucede algo así? En primer lugar, ¡recuerda que no es malo sentir este tipo de cosas! Es normal. Es *común* (1 Corintios 10:13). Le pasa a cualquiera. Luego comienza a orar. Esa es tu parte. La parte de Dios es «unirse y ayudarte» a orar[3]. Él perfeccionará tus torpes intentos por hacer lo que está bien: de orar incluso cuando te duele tanto el corazón que no estás segura por qué orar ni cómo orar.

¿Cuál es tu desesperante inquietud de oración? ¿Y qué puedes hacer para comenzar a orar? ¿Puedes, al menos, arrodillarte? ¿Puedes intentar orar de la manera en que lo haces casi siempre? Adora a Dios ahora por quién es y por lo que ha hecho por ti y por su pueblo. Agradécele por su bondad. También reconoce cualquier pecado. Y ora por otros. Luego registra lo que sucedió.

Responde al llamado de Dios para ti

Qué alentador es saber, como creyente, que no estás sola para enfrentarte a los problemas de la vida. Incluso cuando no tienes las palabras adecuadas para orar, el Espíritu Santo sí las tiene... y ora contigo y por ti.

Mi oración por ti en este momento es que dejes que fluyan las oraciones de tu corazón. Cuando sientas dolor... ¡ora! Cuando no puedas hablar... ¡ora! Cuando estés abatida... ¡ora! Cuando estés sufriendo, estés sacudida o derribada por la vida... ¡ora! Cuando estés en problemas o perpleja... ¡ora! Cuando estés abrumada... ¡ora! Tu Padre celestial sabe lo que necesitas antes de que lo pidas (Mateo 6:32)... así que no tengas miedo de mencionar cualquier cosa. Dios quiere escucharte. Usa cualesquiera palabras o gemidos torpes que logres articular desde tu corazón herido. Solo asegúrate de orar... y déjale el resto a Dios.

¿Te gustaría saber más? ¡Echa un vistazo!

La solución de Dios para tu tendencia a preocuparte es simple: ¡Ora! Copia aquí Filipenses 4:6-7. Luego escribe lo que los siguientes versículos te enseñan acerca de la oración.

1 Pedro 5:7:

Hebreos 4:16:

¿Cómo crees que orar con fidelidad por tus problemas ayuda a contrarrestar las preocupaciones?

Lee Romanos 8:26-34 en tu Biblia. ¿De qué maneras ayuda el Espíritu Santo a los creyentes de acuerdo al...

... versículo 26?

... versículo 27?

¿Qué aprendes acerca de Dios en el versículo 31?

¿Qué aprendes acerca de Jesucristo en el versículo 34?

¿Cómo deberían ayudarte estas verdades cuando estés preocupada o abrumada?

Mi lista de cosas que no quiero olvidar... de este capítulo

_____
_____
_____
_____
_____
_____
_____
_____
_____
_____
_____
_____
_____
_____
_____
_____
_____
_____

*Descubre la voluntad
de Dios a través
de la oración*

Cuando tengas que tomar una decisión... ¡Ora por fe y sabiduría!

Estoy segura de que en tu vida has tenido algunas experiencias en las que sientes que alguien te despierta. (¡Y no me refiero a las del reloj despertador!) Bueno, créanme, me pasó una mañana cuando me llamó una mujer para invitarme a hablar en su iglesia. Mientras hablaba, mis dedos tamborileaban en la mesa y mi mente vagaba con ansiedad: *Cuándo irá a hacer una pausa lo bastante larga como para que pueda espetar: «¡Claro! ¡Iré! ¿Cuándo quieres que vaya? ¡Puedo ir ahora mismo!».*

Cuando esta gentil mujer terminó, le aseguré jadeando que me encantaría asistir a su actividad y continué con mi día.

Cerca de las ocho de la noche, el teléfono volvió a sonar. Era otra dulce mujer que me pedía que fuera a hablar a su iglesia. Mientras describía la actividad especial, yo sacudía la cabeza de un lado a otro y ya le contestaba en la mente: *¡De ninguna manera! ¡No, señora!* No, no le contesté de esta manera, pero esas palabras estaban en mi corazón.

Al día siguiente durante mi tiempo de oración, me senté delante del Señor y me pregunté: *¿Por qué di respuestas divididas? Cada una de las que llamó era una mujer temerosa de Dios. Cada invitación tenía que ver con un ministerio espiritual. Y cada una de las actividades era una oportunidad maravillosa para ministrar. ¿Qué sucedió?*

A medida que pensaba y oraba, me di cuenta de que no estaba tomando decisiones *espirituales*. No, ¡estaba tomando decisiones *físicas*! Y de repente todo cobró sentido. Si me sentía bien, ¡la respuesta era *sí*! Y si no me sentía bien o si estaba cansada, bueno, la respuesta era: *¡De ninguna manera! ¡De ninguna forma! ¡No, señora!*

¡No se tomen decisiones sin orar!

Una vez que Dios me señaló mi problema, su Palabra, y ejemplo tras ejemplo de héroes de la Biblia, comenzaron a aparecer con rapidez para mostrarme la manera adecuada de tomar decisiones.

- El rey Salomón oró pidiendo sabiduría... y a partir de la oración se elevó como uno de los hombres más sabios de la historia (1 Reyes 3:5-12).
- Nehemías pasó tiempo orando delante del «Dios del cielo» luego de escuchar las malas noticias... y se levantó sabiendo cómo actuar (Nehemías 1:4-11).
- La reina Ester ayunó durante tres días y tres noches a fin de prepararse para seguir la voluntad de Dios en una situación que amenazaba su vida (Ester 4:16)... y se levantó para ir al rey y hacer su petición con audacia.
- El rey David era un hombre de oración... y se transformó en un hombre conforme al corazón de Dios que cumplió la voluntad de Dios (Hechos 13:22).
- El Señor Jesús buscó la dirección de su Padre a través de la oración y se levantó... declarando: «Vámonos de aquí

a otras aldeas cercanas donde también pueda predicar; para esto he venido» (Marcos 1:35-39).

En ese momento y en ese lugar, querida amiga, hice un nuevo compromiso de oración: «De ahora en adelante: *¡No se toman decisiones sin oración!*». Para sellar mi compromiso, pasé a una página en blanco de mi cuaderno de oración y escribí en la parte de arriba: «Decisiones a tomar». Este principio de oración de *no tomar decisiones sin orar* ha guiado mi vida y me ha ayudado a encontrar la voluntad de Dios a partir de ese día. Y también puede ayudarte a ti.

> «Fuera de la voluntad de Dios, no existe el éxito; dentro de la voluntad de Dios no puede haber fracasos»[1].

¿Cómo puede ayudarte pasar tu proceso de toma de decisiones a través del fuego de la oración? ¡Sigue leyendo!

Tienes el llamado a una vida de fe

¿Qué tiene que hacer una mujer ocupada en cuanto a todas las oportunidades, invitaciones y decisiones que se le presentan en el camino? ¿Y cómo puede saber qué cosas son parte de la voluntad de Dios para ella y cuáles no? Aquí tienes un principio de la Palabra de Dios que ayudará a guiarte hacia una vida marcada por una fe fuerte, poderosa y segura. Es una pauta para tomar decisiones y manejar las cosas dudosas o «esferas grises» de la vida diaria:

> Pero el que duda sobre lo que come, es condenado, porque no lo hace con fe; y todo lo que no proviene de fe, es pecado (Romanos 14:23, RV-60).

Este pasaje tiene que ver con la violación de tu conciencia. En general, te dice cómo saber cuándo ir adelante con toda fe...

y cuándo detenerte debido a la falta de fe, de confianza y de una conciencia limpia. El apóstol Pablo dice que si dudamos por algo en nuestro corazón, o si no estamos seguros si una acción es buena o mala, no deberíamos hacerlo, sea lo que sea. Si lo hiciéramos, sería pecado para nosotras porque nos traería culpa y violaría nuestras conciencias. (Solo una nota: En el caso de los romanos a los que les escribe Pablo, se refiere a comer comida prohibida en el Antiguo Testamento).

¿Cómo se aplica con exactitud este principio de cosas dudosas y esferas grises a nuestra toma de decisiones? ¿Cómo te ayuda a vivir una vida de fe y confianza?

1. *Tienes el llamado a actuar con confianza:* Tú (y todos los cristianos) debes estar segura y confiada de que haces lo bueno en tus acciones y decisiones. Este tipo de confianza añade un poder increíble a tu vida. En lugar de titubear y hablar sin decir nada, puedes actuar con decisión y sin preocupación.

«Vivir sin fe es como conducir en la niebla».

Sin embargo, como bien sabes, siempre que haces algo de lo que no estás segura si es bueno o malo, la duda se instala y toma el control, debilita tu confianza y trae culpa.

2. *Tienes el llamado a orar pidiendo confianza*: Tu meta es vivir y actuar con la convicción de que lo que haces es bueno. Por lo tanto, debes orar. Con esta meta y este propósito en mente, trato, en lo personal, de no dar un paso ni comprometerme con *nada* hasta después de orar, lo cual incluye escuchar la respuesta de Dios. Esto quizá lleve un día... o meses. Aun así, lo que buscamos es una dirección clara, una conciencia limpia y la ausencia de duda y culpa.

3. *Tienes el llamado a tener paz:* Cuando ores, ¡y *esperes* la respuesta y la dirección de Dios!, al final percibirás su clara dirección. ¿Cómo lo sabrás? Se desvanecerán las dudas y aumentará tu confianza en la dirección de Dios. Cuando esto me sucede, después que oro (no importa cuánto tiempo lleve), puedo comprometerme y decir *sí*... o negarme y decir *no*... y seguir adelante confiando en Dios. Sin embargo, cuando no tengo fe ni paz, viene en mi rescate este principio de Romanos 14 acerca de las cosas dudosas:

> *Cuando se tienen dudas, ¡deja de dudar!*
> (o dicho de otra manera)
> *Cuando se tienen dudas, ¡mejor no hacerlo!*

Tienes el llamado a una vida de sabiduría

La oración es la manera en que buscamos la *voluntad de Dios*. Recuerda: *¡No se toman decisiones sin orar!* ¿Y adivina qué? La oración también es la manera en que buscamos la *sabiduría de Dios*.

> Si a alguno de ustedes le falta sabiduría, *pídasela a Dios, y él se la dará* (Santiago 1:5).

¿Quieres descubrir la voluntad de Dios en tu vida? Entonces no puedes dejar de pedirle su sabiduría. ¿Y de qué manera la reconoceremos?

La sabiduría teme al Señor: «El comienzo de la sabiduría es el temor del SEÑOR» (Proverbios 9:10). Eso significa que debemos tener cuidado con la vida y no tenemos que adelantarnos a la voluntad de Dios, porque podemos perdernos lo que tiene para nosotras. Significa que hay un profundo respeto por Dios y un «temor» honorable hacia Él. Por lo tanto, no intentes impresionar ni agradar a otros. En su lugar, procura vivir una pasión en tu vida: agrada a Dios, halla su favor y camina dentro de su voluntad.

¡Así que ora! Discute las cosas con el Señor *antes* de actuar, *antes* de dar un paso, ¡y *antes* de decir una palabra! Aprende a decir: «Déjame orar al respecto y luego te contesto».

La sabiduría aplica la Palabra de Dios a la vida cotidiana: ¿Alguna vez te has preguntado si un día es muy importante? No obstante, si lo piensas, todo lo que en realidad tienes para hacer la voluntad de Dios es un día: ¡hoy! El mismo Jesús nos dijo que no pospongamos, que no esperemos, pensemos, ni nos preguntemos por el mañana. Dijo: «No se angustien por el mañana, el cual tendrá sus propios afanes. Cada día tiene ya sus problemas» (Mateo 6:34).

> «Todo lo que hagas, cada decisión que tomes, toda relación que tengas recibirá la influencia de tu habilidad para aplicar la sabiduría a tus experiencias»[2].

En otras palabras, ocuparte del día de hoy con todas sus demandas, singularidades y sorpresas requerirá todo tu esfuerzo, toda tu fuerza y toda tu concentración en la sabiduría de Dios. Se te llamará a caminar y a actuar con sabiduría y de acuerdo con la voluntad de Dios durante todo el día... a la vuelta de cada esquina y en todo encuentro.

Así que, ¿cómo fue el día de ayer? ¿Y cómo está el día de hoy hasta ahora? ¡Asegúrate de orar a lo largo de cada día! Busca la sabiduría de Dios a medida que las crisis y las curvas del día van llegando de manera tan segura como las olas del mar golpean la costa con constancia.

La sabiduría ve la vida desde la perspectiva de Dios: ¿Cuál es la perspectiva de Dios? Aquí tienes algunas observaciones de Proverbios:

El necio envidia al rico.

El necio desprecia a sus mayores.

El necio no pide consejo.

El necio aborrece a su prójimo.

El necio se pasa la vida durmiendo.

El necio derrocha su dinero.

El necio desprecia la sabiduría.

El necio difama.

El necio miente.

El necio habla demasiado.

El necio discute y pelea.

¡Y hay más! Aun así, la verdadera pregunta es la siguiente: *¿Tú* ves y vives la vida desde la perspectiva de Dios? Amada, ¡la *oración* es la que produce el cambio! La *oración* distingue a la mujer sabia de los «necios» que acabamos de describir. Tomarte el tiempo para cerrar los ojos en oración te ayuda a abrirlos a la manera en que Dios ve las cosas.

Además, tienes que estar preparada: *Dios* ve la vida desde un ángulo diferente por completo (Isaías 55:8-9). Por eso la sabiduría es una marca tan distintiva. Te separa de forma radical de las masas e influye de manera fundamental en las decisiones que tomas y en lo que eliges.

La sabiduría sigue el mejor curso de acción: Oye, es muy fácil *saber* lo que es bueno. Es más, la Biblia dice que la sabiduría clama en las calles, en las esquinas y en los lugares públicos (Proverbios 1:20-21). ¡La sabiduría está por todos lados! Está disponible... ¡y es gratis! Con todo, el indicador final de la sabiduría es *hacer* lo bueno.

Por eso debemos *orar* pidiendo un corazón sabio. Cuando estamos solas es fácil ser necias... y casi imposible caminar en la sabiduría piadosa.) Por eso necesitamos la ayuda de Dios. Es lamentable, pero Salomón, el hombre más sabio del mundo, tenía sabiduría, *sabía* cómo hacer lo bueno y podía decírselo a los demás. Sin embargo, a la larga no *hizo* lo que sabía... y se transformó en un necio. Así que tenemos que decidirnos a acceder a la sabiduría de Dios y a usarla en nuestras vidas. La oración por nuestras decisiones le da a nuestro corazón ese impulso extra para tomar el mejor curso de acción.

Mi lista de control
para la oración

✓ *Comprométete a orar*: La manera más segura de perderte la voluntad de Dios y lo mejor de Él es no orar, ni hacer siquiera una pausa para preguntarle. Y la manera más segura de garantizar que descubras la voluntad de Dios es, por supuesto, a través de la oración. Así que aprende a decir: «Déjame orar al respecto y luego te contesto». Si es necesario, ¡practica frente al espejo!

¡Y ahora algo de acción! En la próxima página cuenta lo que hiciste y cuándo lo hiciste. Haz tu propio compromiso de no tomar decisiones *sin orar*. Escríbelo, colócalo en un lugar especial, recuérdalo y deja que gobierne tu vida. No olvides practicar tu lema de vida: «Déjame orar al respecto y luego te contesto». Lleva la cuenta de las veces que lo dices cuando te pidan que hagas algo esta semana y escríbelo aquí.

> «La oración es la primera cosa, la segunda y la tercera necesarias para el obrero cristiano. Ora, entonces, querido hermano: ora, ora y ora»[3].

✓ *Prepárate para orar.* A partir de ahora, hazte el propósito de que *toda* oportunidad y *toda* decisión que tengas que tomar sobre *cualquier* cosa en tu vida termine en tu página de oración. ¿Deberías ofrecerte como voluntaria en el trabajo o en la escuela? ¿Aceptar una cita o asistir a una fiesta? ¿Conseguir un trabajo de medio tiempo? ¿Ir a la universidad (y a cuál universidad)? ¿Cómo tendrías que gastar tu dinero... o tu valioso tiempo y energía? Nada es demasiado pequeño ni demasiado grande para orar al respecto. Oras para conocer la voluntad de Dios para cada detalle de tu vida... ¡y *eso* sí que es grande!

Haz tu propia página de oración titulada: «Decisiones a tomar». Luego comienza a llenarla con las decisiones grandes o pequeñas que debes tomar. Después de todo, ¡es *tu* vida! Y eso es importante, ¡de vital importancia!, no solo para ti, ¡sino para Dios!

Vuelve a leer las inquietudes de oración arriba. ¿Cuáles son las tuyas? ¿Qué decisiones debes tomar? Confecciona una lista de los asuntos pequeños y grandes que requieren tus oraciones ahora.

✓ *Ora con fidelidad*: Todas las decisiones que tienes que tomar son importantes. Puedes comenzar usando los pasajes que aparecen al final de este capítulo. Los versículos son como armas para la guerra. ¡Asegúrate de sacarlos de tu arsenal y usarlos! ¿Cuál te gusta más y por qué?

La mejor manera de comenzar a construir un arsenal para la toma de decisiones a través de la oración es memorizando tres versículos importantes. Así que escribe cada uno en una tarjeta, llévalos contigo y «anótalos en la tablilla de tu corazón» (Proverbios 7:3), ¡memorízalos! ¿Con cuál pasaje comenzarás? ¡Escríbelo aquí y deja que se inicie la memorización y la oración!

✎ *Responde al llamado de Dios para ti*

Al dejar esta perspectiva general muy breve de la fe y la sabiduría, por favor reconoce la función que desempeñan estos dos elementos espirituales en tu proceso de toma de decisiones. Actúan con vigor para ayudarte a encontrar la voluntad de Dios. Muchas veces en este libro me referí a la oración como una gema, una joya fantástica con muchas facetas brillantes. La fe y la sabiduría son cualidades gemelas en la piedra gloriosa de la oración.

Además, querida amiga de oración, una vez que respondas a este llamado de Dios, una vez que ores, busques y recibas la fe, sabiduría y voluntad de Dios, y una vez que tomes la decisión, ¡adórale! Adora a Dios por poder pedirle a través de la oración su fe y sabiduría para que guíen tus decisiones. Adóralo por haber orado, por haber buscado y por haber tomado la mejor decisión posible al buscar su voluntad.

Luego avanza a toda velocidad y con toda confianza de que estás dentro de la voluntad de Dios. Cuando tu corazón busca, Él puede guiarte y dirigirte mientras avanzas. Como un auto que está puesto a punto, con gasolina y encendido, Él puede conducirte mientras andas. Entonces, ¡todo es alegría! ¡Tu vida puede traerle la adoración, el honor y la gloria que tanto merece!

Una vez más, ¡adórale!

Pon en marcha la sabiduría de Dios en tu vida

¿Qué puedes hacer en cuanto a la toma de decisiones y la voluntad de Dios? Sigue el plan de batalla bíblico. Estas «armas» dan resultados en cada esfera de tu vida y te conducen a lo mejor de Dios.

Primero, pídele ayuda a Dios. Ora: «Señor, tu Palabra dice en Santiago 1:5: "Si a alguno de ustedes le falta sabiduría, pídasela a Dios, y él se la dará". ¡Así que aquí estoy, Señor! ¡Necesito sabiduría y te la pido! Por favor, revela tu sabiduría en este asunto».

A continuación, saca de tu arsenal Santiago 4:17 y ora: «Señor, tu Palabra dice: "Así que comete pecado todo el que sabe hacer el bien y no lo hace". Señor, no quiero pecar. Quiero hacer lo que es apropiado, lo que es bueno. Así que necesito saber qué es. ¡Por favor, muéstrame lo que es bueno a fin de poder hacerlo!».

Por último, toma Proverbios 3:5 y 6 y ora: «Y Señor, tu Palabra dice: "Confía en el SEÑOR de todo corazón, y no en tu propia inteligencia; reconócelo en todos tus caminos, y él allanará tus sendas". No quiero confiar en mi corazón, así que te pido ahora, Señor, que guíes mis pasos. ¿Qué es lo apropiado en esta situación? ¿Cuál es la decisión adecuada? ¿Por qué senda quieres que camine? ¿Cuál es el *buen camino*?».

Seis razones bíblicas para hacer una pausa y orar

Revelación de la voluntad de Dios: «Confía en el SEÑOR de todo corazón, y no en tu propia inteligencia; reconócelo en todos tus caminos, y él allanará tus sendas» (Proverbios 3:5-6).

Claridad de la voluntad de Dios: «El camino del perezoso está plagado de espinas, pero la senda del justo es como una calzada» (Proverbios 15:19).

Discernimiento de la voluntad de Dios: «A cada uno le parece correcto su proceder, pero el SEÑOR juzga los motivos» (Proverbios 16:2).

Comprensión de la voluntad de Dios: «A cada uno le parece correcto su proceder, pero el SEÑOR juzga los corazones» (Proverbios 21:2).

Bendición de la voluntad de Dios: «Necio es el que confía en sí mismo; el que actúa con sabiduría se pone a salvo» (Proverbios 28:26).

Paciencia para la voluntad de Dios: «El afán sin conocimiento no vale nada; mucho yerra quien mucho corre» (Proverbios 19:2).

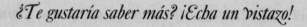

¿Te gustaría saber más? ¡Echa un vistazo!

Lee Romanos 14:5 y 23 y 1 Juan 3:21. ¿Qué diferencia debería hacer la oración y la meditación detenida en tus decisiones y tu confianza?

Lee Hechos 4:23:31. Luego de orar, ¿cómo actuaban los primeros cristianos en fe y confianza?

Las buenas decisiones —¡las decisiones basadas en Dios!— requieren la sabiduría de Dios. ¿Qué revelan estos versículos acerca de la sabiduría o de lo que es sabio?

Proverbios 9:10:

Mateo 6:33-34:

Proverbios 1:10-19:

Proverbios 1:20-23:

¿Qué dicen estos versículos acerca de *tu* responsabilidad de caminar en sabiduría? Haz una lista aquí.

*Mi lista de cosas que no quiero
olvidar... de este capítulo*

_____

_____

_____

_____

_____

_____

_____

_____

_____

_____

_____

_____

_____

_____

_____

_____

_____

_____

Cuando tengas que tomar una decisión... ¡Ora por entendimiento!

Sí, pero...

¿Son estas las dos palabras en que piensas ahora mismo? ¿Te preguntas cuál será la voluntad de Dios y cómo encontrarla? ¿Te sientes algo insegura en cuanto a cómo influye y encaja todo para indicar su voluntad? Bueno, cambiemos tus dudas a tres palabras:

Sí, pero... ¿cómo?

Ahora déjame darte algunos *«cómo»* finales. Echemos un vistazo al paso final del proceso que expliqué en «Descubre la voluntad de Dios a través de la oración»: *Ora por entendimiento.* Cuando ores pidiendo entendimiento, conocerás más acerca de la voluntad de Dios para ti y los asuntos de tu vida.

Cuatro preguntas para tu corazón

Es difícil de explicar, pero cuando oramos, cuando consultamos al Señor y esperamos en Él por su dirección, *recibimos* dirección y seguridad de Dios. De alguna manera, Él logra imprimir su voluntad en nuestros corazones cuando la buscamos. Y por medio de Él podemos entender cuál es su voluntad. Así que tengo cuatro preguntas para hacerle a mi corazón durante la oración. Las pregunto en mi esfuerzo por buscar las respuestas y la dirección de Dios. Al orar por decisiones que debo tomar, estas cuatro preguntas me conducen por el camino a fin de encontrar la voluntad de Dios. Me ayudan a descubrir su voluntad para *mí* y también te darán resultado a *ti*, cuando busques su voluntad. Después de todo, Dios quiere que la conozcamos. ¿Por qué otra razón nos pediría o esperaría que lo hiciéramos (Efesios 6:6)? Para comenzar a caminar a través de estas cuatro preguntas, comprende que la respuesta sincera a las preguntas 1 y 2 sacará a la superficie tus *intenciones*. Algunas de tus intenciones serán puras y buenas, y otras serán egoístas y malas. Después de todo, como Jeremías señaló: «Nada hay tan engañoso como el corazón. No tiene remedio. ¿Quién puede comprenderlo?» (Jeremías 17:9).

Entonces, cuando continúes tomando decisiones a través de la oración, descubrirás que las preguntas 3 y 4 sacarán a la superficie tus *convicciones*: lo que sabes y crees de lo que la Palabra de Dios dice acerca de tus decisiones. A continuación verás cómo resultó este ejercicio en mi caso.

Primera pregunta: ¿Por qué lo haría? Un día recibí una llamada telefónica de una persona de mi iglesia que me preguntó si podía enseñar una serie de clases bíblicas. Al comenzar a orar, le pregunté a Dios: *¿Por qué lo haría?* ¡Me costó trabajo creer que la primera respuesta que me surgió en el corazón fue una de esas intenciones pecaminosas y perversas! Mi corazón respondió a esta pregunta: *¡Mi nombre aparecerá en el boletín! ¡Todos verán mi nombre en el boletín como una gran maestra de la Biblia!*

¡No es necesario que te diga que una respuesta tan orgullosa *nunca* sería una buena razón para decir que *sí* a nada! No, la clase de respuestas que buscamos como mujeres conformes al corazón de Dios incluyen «porque Dios sería glorificado... porque Dios sería enaltecido... porque ayudaría y cambiaría vidas... porque el propósito de este estudio bíblico da honor a Dios».

Ves la diferencia, ¿no es cierto? En estas respuestas del corazón, en verdad nos acercamos más a las intenciones puras y a las razones sólidas para decir *sí* que la horrible respuesta que tuve en cuanto a que mi nombre aparecería en el boletín de la iglesia.

Entonces, ¿qué hice con semejante respuesta? La escribí en la página de oración que creé para esta decisión, titulada: «Enseñar en el estudio bíblico para mujeres». Allí mismo le confesé a Dios lo *errado* que estaba ese pensamiento o esa intención. Luego tracé una línea a través de la respuesta y puse la página en la sección de «Decisiones a tomar» de mi cuaderno de oración a fin de leerla todos los días mientras oraba al respecto... y registrar el progreso que realizaba hacia la toma de una decisión: ¡una basada en la sabiduría de Dios!

¿Por qué escribí una respuesta tan horrible en mi página de oración? Porque salió de mi corazón una vez, ¡así que es probable que saliera otras veces! Además, quería registrar mi convicción de que enseñar la Palabra santa de Dios por una razón tan *pecaminosa* estaba *mal*. Sin duda, *no* sería la voluntad de Dios si solo se basara en esa razón.

Segunda pregunta: ¿Por qué no lo haría? He aquí otro ejemplo: cuando me invitaron a hablar en una actividad especial para mujeres grandísima. En el primer día de oración acerca de esta oportunidad para ministrar (titulada: «Hablar en actividad especial para mujeres»), primero pregunté: *¿Por qué lo haría?* y registré mis respuestas.

Luego pregunté: *¿Por qué no lo haría?* Y ahí vino la respuesta volando: *¡Tengo miedo! Nunca antes hice algo tan grande o frente a tantas mujeres. ¡Tengo miedo!*

Bueno, tú y yo sabemos que el miedo nunca es una razón válida para negarse a hacer algo... si Dios nos pide que lo hagamos. ¡Ah, no! Nuestro Dios promete proveer para *todas* nuestras necesidades (Filipenses 4:19), y eso incluye poder en la debilidad y valentía al enfrentarse a los temores. Nuestro Dios promete que su gracia *siempre* será «suficiente» (2 Corintios 12:9) cuando la necesitemos para hacer su voluntad. Y «Dios no [repito, *¡no!*] nos ha dado un espíritu de timidez, sino de poder, de amor y de dominio propio» (2 Timoteo 1:7).

El «factor miedo» es en verdad uno que tendríamos que reconocer, enfrentar y por el que tendríamos que orar. Sin embargo, el miedo nunca debería ser una razón para decir que *no*.

Así que lo reconocí. Registré la respuesta de temor de mi corazón... y luego tracé una línea sobre ella. Puedo decirte que *cada* día que oraba por esa invitación, de inmediato mi corazón murmuraba: «¡Tengo miedo!». Y *todos* los días podía mirar esa primera respuesta con la audaz línea marcada encima y el pasaje de referencia: «¡2 Timoteo 1:7!», escrito con igual audacia al costado.

Ahora bien, ¿qué hubiera sucedido si mi respuesta hubiera sido: *Ah, llevará mucho trabajo... o mucho tiempo... o simplemente no tengo ganas de hacerlo?* ¿O si hubiera sido: *No podré ir al centro comercial... o tendré que sacrificar algo de tiempo con mis amigos para realizar ese ministerio?*

Bueno, ¡ya te imaginas! Escríbela, cualquiera que sea tu pobre respuesta, confiésale tu pereza al Señor, traza una línea y sigue orando. Acabas de hacer aflorar una debilidad (tal vez hasta una falla de carácter), una con la que quizá vayas a tener que volver a lidiar una y otra vez mientras procuras *hacer* (¡fíjate en la energía que se requiere!) la voluntad de Dios, pase lo que pase.

Ahora sigamos con las preguntas 3 y 4, las que sacarán a la superficie tus *convicciones*, lo que sabes y crees que es bueno o malo de acuerdo a la Biblia.

Tercera pregunta: ¿Por qué debería hacerlo? Cuando se hizo evidente que mi papá de noventa y tres años se estaba muriendo de cáncer, Jim y yo tuvimos que tomar una decisión. Necesitábamos saber cuánto tiempo podía, y debía, dar para ayudar y estar presente con él a medida que empeoraba.

Prácticamente, fue una decisión fácil para nosotros. Nuestras dos hijas ya estaban casadas y el nido en casa estaba vacío. Además, no tenía un trabajo fuera de la casa, así que podía administrar mi propio tiempo y estaba disponible para ayudar.

Aunque, sobre todo, la decisión se nos hizo más fácil porque Jim y yo creímos que esta era una manera en que podíamos seguir el mandamiento de la Biblia que dice «honra a tu padre y a tu madre» (Éxodo 20:12 y Efesios 6:2). Teníamos una convicción como pareja acerca de lo que dice la Biblia. Por lo tanto, creíamos que yo tenía que hacer todo lo posible por ayudar.

Parecía que mis respuestas seguían la línea de algo en lo que podíamos actuar con confianza y fe. Por supuesto, nos dimos cuenta de que tendríamos que sacrificar tiempo, dinero (para pasajes de avión y llamadas de larga distancia) y la compañía mutua. Sin embargo, ambos creíamos que ayudar a mi papá (que se encontraba a dos mil cuatrocientos kilómetros de distancia) era lo debido. Jim me dio su bendición, su aprobación y su apoyo. Y mis hijas en verdad no me necesitaban en casa.

Así que partía para Oklahoma... todos los lunes, en el vuelo de las seis de la mañana, desde Los Ángeles hasta Tulsa, y volvía todos los jueves por la tarde cuando uno de mis hermanos me reemplazaba durante el fin de semana. ¡Cuando orábamos, y cuando Dios nos guió a su voluntad, no teníamos idea de que esas idas y venidas durarían casi un año!

Sin embargo, mi querida y joven amiga, *debido* al proceso de oración y *debido* a orar para entender la voluntad de Dios en esta decisión, estábamos comprometidos a hacer lo que fuera y llegar a buen término. Y tanto Jim como yo teníamos una perfecta paz en la mente y el corazón. Hasta el día de hoy, podemos decirte que no nos reprochamos nada. ¡Y aquí hay otra bendición! La gracia de Dios fue suficiente para los dos durante cada minuto de cada día de ese año.

«La voluntad de Dios nunca te llevará a donde la gracia de Dios no pueda sostenerte»[1].

Y tengo que decir con mucha claridad: Es probable que las respuestas a *tus* inquietudes de oración y *tus* «decisiones a tomar», sean del todo diferentes a las de otra persona. Tú y las demás personas estarán en diferentes etapas de la vida. La vida en tu hogar será distinta a la de tus compañeros. Tal vez tus padres tengan opiniones firmes y te alienten en una dirección distinta a la de tus mejores amigos. Quizá tengas un trabajo de medio tiempo o responsabilidades en la escuela (el grupo coral, el grupo de animadoras, el diario de la escuela o el equipo deportivo), que hacen que sea imposible hacer cosas que pueden hacer «todos los demás».

Pregúntate: ¿Qué haría Jesús y qué querría Él que haga?

Entonces, ¿qué puedes hacer? ¡*Ora!* ¡Ora, ora y ora pidiendo entendimiento de lo que es la voluntad perfecta de Dios *para ti*! A medida que ores, ¡Él te guiará para que la encuentres! Y, bendición tras bendición, se hará a tu medida... ¡*solo para ti!*

Cuarta pregunta: ¿Por qué no debería hacerlo? Una vez tuve un problema por el cual oré largo y tendido. Me costó muchísimo tratar de tomar algún tipo de decisión. Me volví a la Palabra de Dios y leí en el libro de Proverbios:

Al necio le parece bien lo que emprende, pero el sabio atiende el consejo (Proverbios 12:15).

Atiende al consejo y acepta la corrección, y llegarás a ser sabio (Proverbios 19:20).

Así que saqué las tres páginas de notas de mi cuaderno de oración en el que había estado registrando mi progreso de oración todos los días sobre este asunto en particular y se las di a mi esposo. Al dárselas a Jim, le expliqué: «No puedo recibir ningún tipo de dirección sobre esta petición de oración. ¿Puedes ver si falta algo?».

Pues bien, el querido Jim leyó la decisión que necesitaba tomar y luego observó los pensamientos que había anotado. Sabía que había estado orando por esta situación. Examinó las ventajas y desventajas y luego me dio su consejo. Como respeto la opinión de Jim y sé que honra a Dios, acepté su parte en la situación. ¡Luego tomé mi decisión!

¿Qué me dices de ti? No tienes un esposo al que puedas acudir ahora, pero sí tienes mentores, maestros y padres. Así que, ¡sé una mujer sabia! Busca el consejo de la gente en que confías y que admiras. ¿Y puedo alentarte en especial a que consultes tus decisiones con tu mamá y tu papá para que te den su bendición y su aprobación? Te aman y te ayudarán. Sé que puede ser difícil consultarle a tus padres, pero si deseas la dirección y la bendición de *Dios*, *Él* manda que los hijos «obedezcan a sus padres» y que los honren «para que [les] vaya bien» (Efesios 6:1-3). *Su* aporte ayudará a guiarte hacia la voluntad de *Dios*.

Como ya dije, estos son ejemplos de la manera en que este ejercicio de cuatro preguntas resultó conmigo. Ahora mi oración es que te ayude a *ti* a entender mejor la voluntad de Dios para *tu* vida... y para todas tus decisiones. Te gustará usar estas cuatro preguntas para cada decisión por la que ores, grande o pequeña.

Hazte estas preguntas por *cada* inquietud de oración. ¿Deberías anotarte para el estudio bíblico? ¿Ser voluntaria para algún ministerio? ¿Asistir el sábado a la reunión de jóvenes en la iglesia? ¿Matricularte en una determinada universidad? ¿Aceptar una cita? ¿Continuar saliendo con un chico? ¿Comprar ese CD? ¿Ir a ese recital? ¿Anotarte para un deporte o una actividad extracurricular? ¿Salir con tus amigos la noche de la fiesta de cumpleaños de tu hermanito?

La lista de asuntos e inquietudes que componen la maravillosa, ¡y desafiante!, vida de una mujer parece interminable. Y para cada uno de ellos, te acercarás a descubrir la voluntad de Dios, en primer lugar con la determinación de *no tomar decisiones sin orar*, y luego haciéndote estas preguntas al orar pidiendo entendimiento.

Mi lista de control
para la oración

✓ *¡Hazlo ahora!:* ¡Deja de tomar decisiones por las que no oras! Hasta el momento aprendimos que una vida de *fe*, de *sabiduría* y de *entendimiento* se hacen realidad cuando oramos. Así que, ¡hazlo ahora! Toma la decisión que afirme que *no se toman decisiones sin orar*. Comienza a poner todas las actividades y las posibilidades a prueba mediante la oración.

Sí, ¡*cada* actividad! Hay muchas actividades que compiten por tu tiempo, atención y energía. Entonces, ¿cuál o cuáles deberías aceptar o intentar lograr? Pon cada una a prueba. Ora al respecto. Pídele a Dios su sabiduría para elegir tus actividades con cuidado e inteligencia. También pregúntale a tus padres o a tu pastor. ¡Qué confianza gloriosa tendrás en el corazón mientras caminas, en la voluntad de Dios, hacia una actividad o compromiso *sabiendo* que la elegiste a través de la oración y después de mucha oración!

¡Vaya! ¡Eso es transformarse en la mujer conforme al corazón de Dios con la que soñaste! Ah, querida mía, ¡la oración es la clave! ¡La oración es la respuesta! ¡La oración es el camino! Cuando respondes al llamado de Dios a orar, te transformas en la mujer para la que Él te diseñó: una mujer que camina con Él en fe, sabiduría y entendimiento, que camina con confianza y con gracia en su voluntad.

¿Recuerdas alguna decisión que tomaras sin ninguna ayuda o dirección de Dios o de otros? Anótala abajo. ¿Qué sucedió? ¿Qué harías de manera diferente ahora y por qué? Nombra también dos o tres personas a las que consultarás la próxima vez que tengas que tomar una decisión importante.

✓ *¡Hazlo ahora!*: Si todavía no lo has hecho, crea una sección de «Decisiones a tomar» en tu cuaderno o diario de oración... *¡ahora!* (Si todavía no creaste, o creaste, un cuaderno

> «La mitad de los problemas de la vida se deben a decir que *sí* con demasiada rapidez»[2].

o diario, hazlo también ahora). En lugar de cosechar «los problemas de la vida» que vienen al decir que *sí* con rapidez, *¡ora!*

Y hablando de decir *sí* o *no*, ¿qué decisión tuvieron que tomar el joven Daniel y sus amigos en Daniel 1:1-20? ¿Qué es lo que más te impacta de estos chicos audaces, que según muchos eruditos eran adolescentes?

✓ *¡Hazlo ahora!*: Si todavía no lo has hecho, confecciona una lista con las decisiones que tengas que tomar. (Esta mañana tenía catorce en mi lista). Crea una página para cada una y ubícalas en la sección de «Decisiones a tomar». Luego somételas a la oración.

Y aquí tienes una dosis rápida para el camino... en caso de que te presionen para que des una respuesta rápida: *¡Di que no!* Y di que *no* a menudo. En tu vida, como en el arte, menos es más. Oraste largo y tendido para conocer la voluntad de Dios, y al final es evidente cuál es. Así que, prepárate para entrar en su buena y perfecta voluntad. Ahora necesitarás orar para pedirle a Dios que te ayude a decir *no*... a ti misma cuando te debilitas o cuando estás cansada, a tu carne cuando quieres algo que no está dentro de la voluntad de Dios, a invitaciones de último minuto para hacer otra cosa, a las excusas que inventas para pensar que no puedes seguir la voluntad de Dios.

¡Ora a Dios para que te ayude a ser capaz de caminar solo a través de este día en *su* plan y en *su* voluntad! Y mañana planea hacer lo mismo. También comprende que cuando estás bajo mucha presión para tomar una decisión apurada, «la mejor decisión siempre es *no*, porque *no* se cambia con más facilidad en *sí* que *sí* en *no*»[3].

Vuelve a mirar a Daniel y sus amigos, los jóvenes que le dijeron que *no* al rey. ¿Qué sucedió en Daniel 3:13-18? Repito, ¿qué es lo que más te impacta en estos hombres conformes al corazón de Dios?

 Responde al llamado de Dios para ti

Por favor, disculpa todos mis signos de admiración y las veces que dije «*hazlo ahora*». Sin embargo, amada, ¡esto es cada vez más urgente! Durante dos capítulos tratamos la importancia de encontrar la voluntad de Dios. Admitimos que deseamos los beneficios que vendrán en la vida como resultado de caminar en Dios. Aun así, ¡es evidente que ya es hora de *hacer* algo! Es hora de movernos a la acción, a fin de hacer tu compromiso. Para construir tu cuaderno o comprar un diario. Para comenzar con dulzura a decir: «Tendré que orar al respecto. Luego te contesto»... en lugar de espetar (como lo hice yo): «Sí, lo haré» o «¡De ninguna manera! ¡De ninguna forma! ¡No, señora!».

Una vez más, recuerda que Dios espera que hagamos su voluntad. También nos da todo lo que necesitamos para hacerla:

Su gracia que todo lo suple (2 Corintios 12:9),

Su fuerza que nos dice «todo lo puedo en Cristo» (Filipenses 4:13),

Su provisión de «todo lo que [necesitas]»
(Filipenses 4:19), y

Su promesa de «todas las cosas que necesitamos
para vivir como Dios manda» (2 Pedro 1:3).

Por último, cuando tomes decisiones, ora... y revisa tu corazón.
La condición y el *deseo de tu corazón* son vitales para comprender y hacer la voluntad de Dios. ¿Por qué? Porque Dios da esta llave final para entender y hacer su voluntad: tienes que hacer «*de todo corazón* la voluntad de Dios» (Efesios 6:6).

Entonces, ¿cómo está tu corazón?

¿*Te gustaría saber más?* ¡*Echa un vistazo!*

Lee Proverbios 3:5-6, analizando cada palabra. ¿Cuál es la promesa de Dios con respecto a su voluntad en el versículo 6?

Cuál es tu parte en el descubrimiento de la voluntad de Dios de acuerdo al

versículo 5a:

versículo 5b:

versículo 6:

Cuando piensas en tu parte en el descubrimiento de la voluntad de Dios, ¿en qué punto o puntos tienes tendencia a fallar? ¿De qué manera crees que ayudará la oración?

Escribe una decisión que estés intentando o necesitando tomar. Crea una página para ella y comienza a orar a través de las cuatro preguntas siguientes. (Si lo prefieres, escribe notas aquí). Si tomas una decisión en ella esta semana, anota la manera en la que tomaste la decisión o la razón por la que la tomaste.

Primera pregunta: ¿Por qué lo haría?
(Recuerda confesar cualquier intención no bíblica).

Segunda pregunta: ¿Por qué no lo haría?
(Recuerda descartar cualquier cosa que vaya en contra de la Palabra de Dios).

Tercera pregunta: ¿Por qué debería hacerlo?
(Recuerda buscar razones en la Palabra de Dios).

Cuarta pregunta: ¿Por qué no debería hacerlo?
(Recuerda que tu meta es obedecer y agradar a Dios).

Mi lista de cosas que no quiero olvidar... de este capítulo

_____

Descubre la fórmula
de Dios para
la oración eficaz

El tiempo, y los tiempos, de la oración

*C*omo crecí en un hogar en el que mis padres eran maestros de escuela, se hacía un gran énfasis en el aprendizaje. Mis tres hermanos y yo no solo teníamos que aprender todo lo que podíamos, sino que mis padres expandían sin cesar sus conocimientos. Incluso durante el verano cuando no había clases, uno de mis padres se iba durante unas semanas para realizar cursos de posgrado para llegar a un nivel de educación aun mayor.

¡Bueno, esto no es para mí!, decidí. Como una tonta, cuando me gradué del instituto, pensé: *¡No más escuela para mí! ¡Me voy de aquí!* Sin embargo, ahora sé más que entonces. Ahora sé lo que tú sabes y lo que mis padres sabían: Toda la vida se trata de aprender.

Tú y yo aprendemos de continuo a hacer varias cosas, ¿no es así? Pasamos horas aprendiendo a usar una computadora, a arreglarnos el cabello, a tocar el piano o a jugar un deporte. ¡Nuestras oportunidades de aprendizaje parecen no terminar! Y la oración no es diferente. Lee lo que dijo un hombre acerca de aprender a orar... y del tiempo que lleva hacerlo:

> Es una verdadera tontería imaginarse que se puede aprender el supremo arte de obtener dirección a través de la comunión con el Señor sin estar dispuesto a separar tiempo para eso y aprender a orar[1].

Hasta ahora en este libro hemos examinado la Palabra de Dios y hemos descubierto algunas cosas sobre la oración, su significado y sus bendiciones. Entonces, ¡tienes que estar preparada! Nuestro centro de atención está cambiando aquí. Ahora comenzaremos a aprender más acerca de los pormenores de la oración, de la «fórmula de Dios para la oración eficaz»: una fórmula que podemos seguir con facilidad.

Además, nos acercamos a la línea de llegada, hacia el final de nuestro libro. ¡Así que agárrate fuerte y sigue adelante! Estos divertidos capítulos tendrán un nuevo sabor. Están llenos de historias motivadoras y consejos prácticos a fin de inspirar tu corazón a la oración. Me gusta pensar en esta sección como en el «brillo» que producen las facetas de la gema de la oración.

El primer componente de la fórmula de Dios es...

Un tiempo para la oración personal

¿Alguna vez te preguntas cuándo orar? ¿Si hay algún tiempo que sea bueno o mejor para orar? Bueno, si observamos algunos hombres de Dios en la oración, encontraremos algunas respuestas.

☐ Abraham oraba temprano al amanecer.

☐ Jacob luchó en oración durante toda la noche.

☐ Samuel, también, oró toda la noche.

☐ El salmista aconseja orar al atardecer, a la mañana, al mediodía, día y noche, a medianoche, al llegar la mañana y en las vigilias de la noche.

☐ Otros santos oraban tres veces al día, ¡incluso hasta siete veces al día!

☐ Jesús oraba en la mañana, oraba durante la noche, oraba antes de comer y oró a la medianoche en el huerto de Getsemaní.

☐ Por último, tenemos que orar en todo momento (Efesios 6:18) y sin cesar (1 Tesalonicenses 5:17).

Es fácil ver que el común denominador entre estos fieles hombres de oración era un tiempo, o tiempos, definido de oración.

Un tiempo para la oración de emergencia

Además de establecer un tiempo de oración, «la fórmula de Dios para la oración eficaz» incluye clamar a Él en tiempos de emergencia. Es más, Dios nos ruega: «Clama a mí». Estas palabras se encuentran en Jeremías 33:3. La instrucción completa al profeta de Dios fue: «Clama a mí y te responderé, y te daré a conocer cosas grandes y ocultas que tú no sabes». Muchas personas se refieren a este versículo como el «número del teléfono de Dios: JER333». ¡Y es evidente que existen *tiempos* horrendos de emergencia o crisis en los que necesitamos llamar al número de Dios!

Durante estos tiempos de crisis debemos hacer lo que una vez oí que describieron como la «oración a la línea de emergencia». ¿Te das cuenta de todo lo que sucede cuando alguien llama a una línea de emergencia? Cuando tú (o incluso un niño pequeño) marca estos números, casi al instante te conectan con la persona que despacha las emergencia. Delante de esa persona hay una lista en la que puede leer el teléfono de dónde llamas y a nombre de quién está el teléfono, junto con la dirección. También están listos para responder una serie de paramédicos, el departamento de policía y de bomberos.

Quizá los que llaman a la línea de emergencia no sepan lo que sucede. Solo llaman en un momento de gran necesidad. Tal vez no sepan cuál es el problema, ni puedan explicarlo. Quizá no sepan dónde están. Tal vez estén fuera de control e histéricos porque algo le pasó a un ser amado... o a ellos... o han presenciado algo.

La verdad es que la persona que despacha las emergencias no necesita que el que llama diga nada. Todo lo que la persona necesita es llamar... ¡y la ayuda va en camino!

Comunícate con Dios en oración

Así sucede con los momentos en nuestra vida cuando estamos desesperadas y heridas. Todo lo que tenemos que hacer es comunicarnos con Dios en una llamada de emergencia. Así como Dios le dijo a Jeremías: «Clama a mí *y te responderé*».

Sí, a veces estamos histéricas. A veces, simplemente no sabemos cómo lidiar con lo que sucede. A veces, no hay palabras para decir lo que sucede, o no tenemos energía para decir nada. Sin embargo, Dios escucha. Él conoce nuestro problema. ¡Y la ayuda está en camino! Ya comenzó a traer la respuesta, la solución, la ayuda y la gracia que necesitamos cuando clamamos a Él.

> «Correr hacia Dios es el único puntal que puede sostenernos en nuestras aflicciones».
> JUAN CALVINO

Y esto es lo que hizo Ana cuando no podía tener hijos... y solo Dios podía ayudar. Nehemías clamó a Dios cuando la ciudad de Jerusalén, la ciudad de Dios, estaba en ruinas y solo Dios podía cambiar la situación. La iglesia hizo una oración de línea de emergencia por Pedro cuando esperaba su muerte en la cárcel. Y Ezequías clamó al Señor cuando se enfermó de muerte. Pablo suplicó a Dios una y otra vez por su espina en la carne, algo que no desaparecía y que le causaba un gran malestar. Moisés elevó sus oraciones en medio de la batalla. Y nuestro Salvador derramó su corazón al Padre cuando se preparaba para enfrentarse a la muerte en una cruz.

En estos tiempos y en estas clases de problemas, ¡y emergencias!, debemos clamar al Señor en oración.

Escucha el llamado de Dios a la oración

«Clama a mí», dijo el Señor. Este es un mandamiento claro del Dios del universo a nuestros corazones para que le llamemos y busquemos su ayuda. Su deseo de que clamemos a Él y oremos no puede pasarse por alto: «Clama a mí y te responderé, y te daré a conocer cosas grandes y ocultas que tú no sabes» (Jeremías 33:3). ¿Te diste cuenta de que en este llamado a la oración solo tienes que hacer *una cosa*: clamar a Dios? Luego Él hace *dos cosas* por ti: ¡promete responderte *y* darte a conocer cosas grandes y ocultas!

¡Así que alza tu corazón! En tu angustia y tu preocupación por otros, comunícate con Dios en oración. Clama a Él, pues es el único que posee todo el poder que existe...así como todo el bienestar, la misericordia y la bondad. Con libertad, dispara tus oraciones en dirección al cielo, ¡todas las que quieras! ¡Todas las que puedas! ¡Y todas las que haga falta!

Luego da un paso atrás, fiel joven de oración, pues el Dios del universo te *responderá*. Y, por si esto fuera poco, también te *dará a conocer* cosas maravillosas, ¡increíbles!, que no sabes.

Habla con Dios acerca de tu vida

¿No es evidente que para responder al llamado de Dios a la oración debemos desarrollar nuestro propio tiempo de oración? A fin de hacer tiempo para hablar de las cosas importantes de nuestra vida con Dios, debemos encontrar el mejor momento para nosotras. ¡Y lo emocionante es que puede ser *cualquier* momento! Sin embargo, tendría que ser uno *fijo*, uno en particular, específico. Así lo hacemos con citas especiales. Por ejemplo, hubo un tiempo en el que elegí establecer mi horario temprano por la mañana. En ese momento de mi vida, si no oraba tempra-no... ¡no oraba! Luego las cosas cambiaron (¡como siempre lo hacen!), cambié mi horario y decidí orar apenas se iban todos de la casa en la mañana.

Así que elige *tu* horario, el que se ajuste mejor a *tu* estilo de vida, y luego sigue los tres pasos de «Mi lista de control para la oración». ¡Estarás en camino para transformarte en una mujer de oración!

Mi lista de control para la oración

✓ *En primer lugar, organízate*: Establece un tiempo para orar. Planéalo, prográmalo, protégelo y mantenlo como si fuera una cita.

Tal vez recuerdes la oportunidad en que saliste con un chico especial y lo maravilloso que fue. ¿Recuerdas cómo te entusiasmabas cada vez que iban a salir o que lo ibas a ver? Tenías una «cita»... ¡y una cita en el calendario! Pues bien, estabas tan emocionada que te preparabas con tiempo extra para encontrarte con él, cuidándote mucho de lucir lo mejor posible.

Bueno, lo mismo debería pasar en lo concerniente a tu cita regular con Dios para orar. Este mensaje se me hizo muy claro cuando mi esposo asistió al campamento anual de entrenamiento de la reserva militar, que duraba dos semanas. Surgió algo que hizo que lo tuviera que llamar justo a las cinco y cuarenta y cinco de la mañana. Así que la noche anterior, ¡puse el despertador a las tres y media, por la diferencia de dos horas entre nuestras zonas horarias!... y dejé algo de tiempo para echarme agua fría en la cara y tomarme una taza de café.

La noche anterior también hice una lista con las preguntas que tenía que hacerle a Jim, porque sabía que no tendría mucho tiempo para hablar con él. Incluso dejé un bolígrafo y un papel para escribir sus respuestas y su consejo.

Al día siguiente, cuando sonó el despertador, salí de un tirón de la cama, seguí todo el procedimiento para despertarme y me senté mirando el despertador. Al fin, a las tres y cuarenta y cuatro (en mi hora), marqué el número especial... y Jim levantó el teléfono y dijo: «Hola, Elizabeth».

Ahora, mientras estaba sentada con el corazón acelerado por la anticipación, esperando y en medio de los preparativos, también pensaba: *¿Por qué no puedo hacer esto todas las mañanas para hablar con Dios? ¿Por qué no puedo prepararme para hablar con el Señor en oración la noche anterior: sacar un cuaderno y un bolígrafo, organizarme en cuanto a lo que voy a decirle y lo que necesito preguntarle? ¿Por qué no puedo poner el despertador, levantarme enseguida y echarme agua fría en la cara, tomar una taza de café o un vaso de jugo, sentarme y esperar la cita con Dios, encontrarme con Él justo a tiempo y escucharle decir (por decirlo así): «¡Hola, Elizabeth!»? ¿Por qué no puedo tomarme el tiempo y no puedo preocuparme por contarle mis inquietudes a Dios en oración y escribir las respuestas que me da?*

¡Y la respuesta fue muy clara! Necesitaba *establecer* un tiempo para orar... para *tener* un tiempo de oración.

Y lo mismo sucede contigo. Organízate. ¿Cuál es el tiempo que más te conviene? Elige un momento y escribe tu «cita» diaria con Dios ahí mismo en tu calendario. Es más, ¿por qué no decides cuándo puedes orar cada día de esta semana? Escríbelo aquí y hazlo. Sé que puedes hacerlo, ¡y te sorprenderás cuando veas los resultados!

✓ *En segundo lugar, prepárate*: Comienza la noche anterior y la mañana en que lo hagas. Es verdad que...

> la persona preparada tiene éxito y la que no se prepara fracasa;

> setenta y cinco por ciento de la victoria y el logro se debe a la preparación, ¡quizá hasta ochenta por ciento!

Prepárate *pensando en tu tiempo de oración*... en cuánto lo esperas, en lo importante que es la oración para tu crecimiento espiritual, en lo crucial que es orar por tus seres amados, del puro gozo que trae ser obediente en esta disciplina espiritual que es una orden, en el privilegio increíble que tienes de estar en comunión con Dios y adorarlo de esta forma tan íntima.

Luego sigue preparándote *pensando en lo que necesitas* durante tu tiempo de oración. Lo que necesitaba para comunicarme con mi esposo incluía una ventaja de quince minutos (¡a fin de aclarar la cabeza!), algo de alimento, un cuaderno y un bolígrafo; lo cual también necesito para mi tiempo diario de oración.

«Antes de empezar, prepárate con cuidado».
CICERÓN

¿Lo que necesitas para orar incluye sacar tu bolígrafo favorito y un cuaderno o diario de oración y hacerte una taza de chocolate caliente? ¿Qué más? (Por favor, responde en la página siguiente). Incluso leí acerca de una mujer que siente que necesita lavarse los dientes antes de «hablar» con Dios. Tienes que saber lo que te hace falta hacer para sacar lo máximo de tu tiempo de oración.

Por último, prepárate la noche anterior *yéndote a la cama con puntualidad.* Planifica con tiempo tu horario ideal de oración para permitirte dormir la cantidad de tiempo necesaria. Sé implacable al irte derecho a la cama. ¡Y no olvides poner el despertador! Luego ora... ¡para levantarte a orar!

La planificación es todo cuando se trata de hacer lo que quieres hacer. Entonces, ¿qué es lo que necesitas hacer con anticipación para levantarte y orar mañana por la mañana? ¿Qué momento elegiste para orar? ¿Y a qué hora tendrás que irte a acostar?

✓ *En tercer lugar, levántate*: ¿Cómo se logra? ¡Levantándose! No me voy a extender en este punto, pero sé que hay gente que duerme con sus celulares *y* teléfonos junto a la cama. Y créanme (tú también lo sabes), en cuanto suena cualquiera de los dos, ¡saltan para contestarlo! Los corazones palpitan, la adrenalina fluye y la sangre bombea... ¡y se levantan! (¡Y es solo un teléfono!)

> «¡La mente domina el colchón!»

Esta tiene que transformarse en tu respuesta al sonido del despertador. Trátalo como si fuera Dios llamándote a orar. Es tu Comandante en Jefe. Es el Soberano de tu vida. Es el Amo que te pide que te unas a Él en oración. Así que... ¡levántate!

Ahora bien, vuelve a ver la lista de «tiempos» para orar en este capítulo con el subtítulo de «Un tiempo para la oración personal». ¿Cómo puedes seguir los pasos de estas personas que oraban? Una vez más, ¿qué momento elegiste para que sea «tu» tiempo para responder al llamado de Dios a la oración?

 Responde al llamado de Dios para ti

Mi querida amiga, aunque la oración es un privilegio sagrado, en algunas maneras no es diferente de ninguna otra actividad que decidas realizar: primero debes querer aprender acerca de la oración para poder disfrutarla. ¿Responderás el llamado de Dios a la oración con el simple acto de elegir un momento para orar? Luego sé fiel. Mantén tu compromiso. Preséntate en el tiempo acordado... y deléitate en el gozo de la comunión con Él.

«El que ha aprendido a orar ha aprendido el mayor secreto de una vida santa y feliz»[2].

La diferencia

Me levanté temprano una mañana
y me lancé al tráfago del día;
tenía tanto trabajo que efectuar
que no aparté tiempo para orar.

Los problemas crecieron a mi alrededor,
y más pesada se volvió cada tarea;
«¿Por qué Dios no me ayuda?», pregunté,
y Él me respondió: «No me pediste».

Quería ver gozo y belleza,
pero el día transcurrió triste y sombrío;
me pregunté por qué Dios no me lo daba,
y Él me respondió: «No me buscaste».

Traté de llegarme a su presencia,
y utilicé todas las llaves en la cerradura,
pero Dios me reconvino suavemente:
«Hijo mío, no tocaste a la puerta».

Me levanté temprano esta mañana
e hice una pausa al comenzar el día;
tenía tanto trabajo que efectuar
que tuve que apartar tiempo para orar[3].

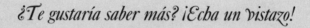

¿Te gustaría saber más? ¡Echa un vistazo!

¿Qué aprendes de estas personas acerca del tiempo y los tiempos de oración?

Abraham en Génesis 19:27:

Nehemías en Nehemías 2:1-5:

David en el Salmo 5:3:

Pedro en Mateo 14:25-33:

Jesús en Marcos 1:35:

¿Te acuerdas de otros? ¿Quiénes son y cuándo oraron?

¿Puedes pensar en cambios que necesites hacer en tu vida de oración?

Lee Marcos 14:32-42. ¿Cuál era la situación angustiosa de Jesús aquí?

¿Qué palabras describen su agonía?

¿Cómo la enfrentó?

¿Qué le pidió a Pedro, Jacobo y Juan?

¿Cuánto duró el tiempo de oración de Jesús?

¿Cuántos de estos tiempos de oración tuvo Jesús?

¿Cuál es tu situación más angustiosa en este momento y que te enseña a seguir el ejemplo de Jesús... o a hacerlo mejor?

¿Conoces a alguien ahora que esté pasando por un momento angustioso? ¿Cómo puedes orar con fidelidad por esa persona?

Mi lista de cosas que no quiero olvidar... de este capítulo

_____

_____

_____

_____

_____

_____

_____

_____

_____

_____

_____

_____

_____

_____

_____

_____

_____

_____

_____

_____

El lugar y la postura
de la oración

$\mathcal{E}$stoy segura de que has conocido a gente que impactó tu vida, haciendo que tu tiempo a su lado sea valioso de una manera especial. Pues bien, eso es lo que me sucedió un fin de semana maravilloso en el hermoso estado de Washington.

Al terminar una actividad especial para mujeres, me quedé a pasar la noche en la casa de la coordinadora del retiro a fin de tomar el primer vuelo a casa a la mañana siguiente. Cuando Jennifer y yo nos sentamos en la cocina (¡en qué otro lugar!), me contó cómo ella y su esposo compraron la casa. Se la compraron a su madre cuando se mudó a un lugar más pequeño, después del fallecimiento del papá de Jennifer.

Luego me contó: «Elizabeth, remodelamos toda la casa, pero hubo una sola cosa que no pude tocar y es esta encimera». Siguió explicando: «Toda mi vida, cuando bajaba cada mañana al levantarme, lo primero que veía era a mi madre sentada justo allí al final de esta encimera, orando. Por eso no pude tocarla. Era el lugar de oración de mi madre».

Sin embargo, la historia continúa. A la mañana siguiente cuando bajé la escalera que daba a la cocina, allí estaba mi anfitriona, sentada en un taburete al final de la encimera con su Biblia y un cuaderno abierto, en medio de su tiempo de oración. Adivinaste: ¡Jennifer también lo convirtió en su lugar de oración!

¿Hay un lugar adecuado para orar?

Ya sabemos que podemos orar a Dios en cualquier momento, de día o de noche. Dios nunca duerme y siempre está disponible para su pueblo (Salmo 121:3). Sus oídos siempre están abiertos para nosotros y escucha nuestras oraciones (1 Pedro 3:12). Aun así, llevemos nuestro deseo de responder el llamado de Dios a la oración y de descubrir su fórmula para la oración eficaz un poco más allá y preguntemos: *¿Hay un lugar debido o apropiado para orar?*

Una mirada rápida a personas que oraban en el Antiguo y el Nuevo Testamento nos muestra que podemos acercarnos a Dios en cualquier lugar con nuestras oraciones. Por ejemplo:

El rey David oró en una cueva (Salmo 57).

Los israelitas oraron en el desierto
(1 Reyes 8:33-34, 47-49).

Elías oró en el cuarto de arriba de una casa
(1 Reyes 17:20).

Daniel oró en su habitación (Daniel 2:19).

Los marineros oraron en su barco
(Jonás 1:13-14).

Pedro oró en el techo de una casa
(Hechos 10:9).

Lidia y un grupo de mujeres oraron a la orilla
del río (Hechos 16:13).

Pablo y Silas oraron en cepos en la cárcel
(Hechos 16:25).

Pablo y los discípulos en Tiro oraron en la playa
(Hechos 21:5).

El pueblo de Dios tiene que orar en *todas* partes (1 Timoteo 2:8)... desde *cualquier* lugar... en *cualquier* momento. Podemos orar mientras hacemos la tarea escolar, mientras estamos en la ducha, mientras manejamos un auto o viajamos en avión, mientras estamos de rodillas trabajando en un proyecto o mientras estamos en la encimera... como hizo mi amiga.

Un viaje a un lugar de oración

Justo estaba pensando en mi propio viaje hacia la oración y mis distintos lugares de oración. Mi primer lugar de oración fue una mesa que tenía una superficie grande y agradable para todas mis «cosas» de oración. Durante años oré allí. Luego, por alguna razón, cambié mi lugar de oración al sofá. Cubrí el sofá, el suelo, la mesita de la sala, ¡cada centímetro cuadrado!, con todas mis cosas de oración y oraba para que mi corazón quedara satisfecho.

Después de mudarnos, mi próximo lugar de oración fue la cama. ¡Me encantaba mi cama! Había mucho espacio para la Biblia, el cuaderno de oración, los marcadores de colores y, por supuesto, el favorito de toda chica: ¡la caja de pañuelos de papel! Ese era mi lugar favorito para orar... en ese entonces. No obstante, al pasar el tiempo, cambié a la cómoda silla en mi pequeña oficina. Allí tenía un estante para libros alto hasta el techo donde tenía a mi disposición todo tipo de recursos, como comentarios bíblicos, que pudiera llegar a necesitar durante la oración (eso sí... ¡hasta que un terremoto demolió la oficina!).

A pesar de eso, tengo que decirte que sin importar el lugar en el que me instalara a orar, mi cuaderno ha sido el pilar y el recurso de oración número uno para los veinte años y pico que llevo en mi viaje personal de oración. Allí tengo todo tipo de «listas» de oración. Por ejemplo...

Tengo una página para mi propia «lista personal»: mis sueños de servir al Señor y las metas para mi vida. Después tengo una «lista familiar» y una «lista de personas». Ya hablamos de la necesidad de una «lista de decisiones a tomar». También tengo una «lista de crecimiento espiritual» que está llena de resoluciones y las listas de «siempre» y «nunca» que tú y yo esperamos y oramos que se transformen en realidad en nuestra conducta. Todos los proyectos en los que trabajo están en mi «lista de proyectos», y las actividades del ministerio están en mi «lista del ministerio». ¡Incluso tengo una «lista de crisis» para todas las crisis que suceden en mi vida o en la vida de mi familia extendida o de amigos en cualquier momento!

Tu lugar de oración será diferente al mío. Y los recursos que uses para hacer que tu vida de oración sea más poderosa y eficaz (¡y emocionante!) van a ser distintas a las mías. Entonces, ¡ah!, qué emoción va a ser ver cómo tu lugar y tu plan de oración (¡y tu vida de oración!) se transforman en algo organizado. Eso da el indicio de una persona seria que ora, una mujer que hace que su deseo de orar se transforme en realidad.

Los lugares de oración para otros

¿Te gustaría saber cómo han orado otros y cuáles eran sus lugares de oración? ¡Asomémonos y veamos algunos!

Susana Wesley, la madre de los famosos hermanos, Juan y Carlos Wesley, simplemente se ponía un delantal en la cabeza, y eso le daba un momento de paz para orar. ¡Quizá como madre de diez hijos ese era el único lugar que podía encontrar para orar! Sin embargo, ¡esos chicos llegaron a saber que ese delantal era señal de: «No molestar, mujer orando»! (¿Cuál es tu señal?)

Juan Wesley, el hijo de Susana y el fundador del Metodismo, tenía una «cámara de oración» en su hogar. Es más, Jim y yo pudimos visitar el hogar de Wesley y nos paramos durante algún tiempo en su cámara de oración privada. Se ha conservado de manera exacta como cuando este gran hombre de Dios se arrodillaba delante del Todopoderoso. Es un pequeño cuarto que da a su dormitorio. No hay nada en él excepto una mesa con un candelabro, un Nuevo Testamento griego y una banqueta; una especie de banquillo para arrodillarse.

El guía nos dijo que este pequeño cuarto, este «cuarto de oración», fue «el motor del Metodismo». Fue el lugar de oración del señor Wesley. (¿Tienes un lugar o un cuarto, o lo que es más importante, un hábito de oración que otros puedan señalar como «el motor» de tu vida?)

Se dice que *John Fletcher*, un teólogo del siglo dieciocho, manchó las paredes de su habitación con el aliento de las oraciones que salían de su lugar de oración. (¿Cómo están las paredes de tu habitación?)

Los primeros convertidos africanos al cristianismo se tomaban muy en serio sus devocionales personales y los hacían con regularidad. Cada hombre salía a través de los matorrales y se iba a un lugar privado a orar. Pronto la rutina de la caminata a través del césped marcó caminos distintivos a medida que se derribaban las malezas. Con solo una mirada se podía saber si alguien era fiel en la oración porque su camino lo hacía evidente. No obstante, si alguno comenzaba a descuidar su tiempo de oración, también se hacía evidente. Es más, pronto uno de los hermanos en Cristo vendría y diría: «Hermano, la hierba crece en tu camino». (¿Cómo está el «camino» hacia tu lugar de oración? ¿Está bien pisado?)

Ruth Graham, la esposa de Billy Graham, cree que tendríamos que dejar nuestras Biblias afuera y abiertas en algún lugar de nuestra habitación o en la casa para que «apenas haya un período de calma en las tormentas de la vida, podamos tomar una taza de café y sentarnos para un tiempo de puro refrigerio y compañerismo»[1]. (Así que... ¿dónde puedes tomarte un refresco y disfrutar de un abundante compañerismo con «el Dios de paz»?)

El lugar de oración para ti

¿Alguno de estos ejemplos te inspiran a encontrar un lugar especial para orar? Jesús dijo: «Entra a tu cuarto, cierra la puerta y ora a tu Padre, que está en lo secreto» (Mateo 6:6). Algunos llamarían a este tipo de cuarto su «armario de oración», un lugar en el que se cultiva la vida de oración. Un escritor, y hombre de oración, señala:

> ¡Ah! Puedes orar en cualquier lugar [...] pero es probable que no lo hagas, a menos que estés en algún lugar tranquilo a puertas cerradas con Dios [...] Entra a tu habitación interna y cierra la puerta. Esa puerta es importante. No deja entrar, no deja salir [...] Dios está aquí en este lugar cerrado. Hay que quedarse a solas para darse cuenta de que uno nunca está solo[2].

Haz lo que sea para tener *tu* lugar de oración. Ya sea un armario o algún otro lugar, crea *tu* lugar secreto donde te encuentres con el Señor para orar.

¿Hay una postura adecuada para orar?

Muchos cristianos creen que arrodillarse es la postura bíblica para orar. De inmediato pensamos en Jesús arrodillado en el huerto de Getsemaní mientras oraba (Lucas 22:41). O en el apóstol Pablo arrodillado en la playa con los ancianos de Éfeso y con sus discípulos en Tiro (Hechos 20:36; 21:5).

Es cierto que muchas de las personas del pueblo de Dios a través del tiempo han orado de rodillas. Por ejemplo, en los comienzos de nuestra república un forastero preguntó en el

Congreso cómo podía distinguir a George Washington del resto de la gente. Le dijeron que era muy fácil reconocerlo. Cuando el Congreso ora, Washington es el caballero que siempre se arrodilla.

También se dijo de la escritora de himnos Fanny Crosby que nunca intentó escribir música ni letras sin antes arrodillarse a orar por la tarea. ¡Eso significa que pasó mucho tiempo de rodillas porque escribió más de ocho mil himnos de fe!

Luego está Jacobo, el líder de una iglesia en Jerusalén. En la iglesia primitiva le conocían como «rodillas de camello». «Cuando vinieron a ponerlo en el ataúd, fue como poner las rodillas de un camello en lugar de las de un hombre: muy duras, muy gastadas, muy rígidas por la oración, y muy diferentes a las rodillas de cualquier otro muerto que pusieran en un ataúd»[3]. (¿Cómo están *tus* rodillas, querida joven de oración?)

Guardé estas líneas para un poema que apunta a la utilidad de orar de rodillas.

Una peregrinación sobre mis rodillas

Anoche hice una peregrinación
hacia una tierra al otro lado del mar.
No la hice en barco ni en avión,
sobre mis rodillas fui a viajar[4].

La oración de rodillas es una figura gráfica de alguien humilde de corazón. Sin embargo, por más bíblico que sea arrodillarse, la Biblia nos muestra diversas posturas para la oración.

❋ Los israelitas *inclinaron la cabeza* en adoración (Éxodo 4:31).

❋ Moisés y Aarón repetidas veces *se postraron rostro en tierra* para orar (Números 16:22 es un ejemplo).

❃ Ana *estuvo* orando en la puerta del tabernáculo
(1 Samuel 1:12-14).

❃ David *se sentó* delante del Señor y oró (2 Samuel 7:18).

❃ David también *ayunó* y *estuvo tirado en el suelo* orando
toda la noche (2 Samuel 12:16).

❃ Salomón *se arrodilló* con las *manos extendidas* hacia el
cielo y oró (1 Reyes 8:54).

❃ Elías *se inclinó, puso el rostro entre las rodillas* y oró
(1 Reyes 18:42; Santiago 5:18).

❃ Jonás oró al Señor *desde el vientre de un pez* (Jonás 2:1).
(¡Solo podemos imaginar cómo era esta postura durante
su ardiente oración en ese descabellado viaje por el mar!)

❃ Esdras *se postró, lloró* y oró (Esdras 10:1).

❃ El recaudador de impuestos *inclinó la cabeza, se golpeaba
el pecho* y con humildad de corazón *se quedó* a lo lejos
orando (Lucas 18:13).

❃ Jesús derramó sus oraciones *sobre su rostro* en el huerto de
Getsemaní (Mateo 26:39).

La Biblia no da una instrucción definitiva sobre la postura
«adecuada» de nuestra oración. Sin embargo, hay algo seguro
acerca de estos ejemplos: ¡Las posturas de estas personas durante
la oración indicaban lo que sucedía en el corazón! Algunos ala-
baban como requería la ley de Dios. Otros estaban destrozados en
agonía emocional. Otros sufrían en lo personal y algunos sufrían

por otros. Algunos lamentaban el pecado. Otros estaban en la batalla, ya sea la guerra en sí o por la vida y el alma de otros. Algunos pedían un milagro. Otros estaban gozosos o agradecidos. Cualquiera que fuera la emoción que evocara la situación de su vida, se expresaba en la postura de estas personas de oración.

«Cuando ores...»

Jesús nos advierte que no usemos la oración para llamar la atención. Nuestra voz y la postura en la oración pueden distraer a otros e interferir con *su* oración y adoración. También podemos orar por motivos equivocados. Así que asegúrate de revisar tus motivaciones en cuanto a la manera en que oras. Jesús nos aconseja...

> Cuando oren, no sean como los hipócritas, porque a ellos les encanta orar de pie en las sinagogas y en las esquinas de las plazas para que *la gente los vea* (Mateo 6:5).

Jesús sigue con su instrucción sobre la oración dando una solución para asegurarnos de no usar la oración como una vía para «exhibirnos»:

> Pero tú, cuando te pongas a orar, entra a tu cuarto, cierra la puerta y ora a tu Padre, que está en lo secreto. Así tu Padre, que ve lo que se hace en secreto, te recompensará (versículo 6).

Fíjate que en los dos versículos el asunto no es «si» oras, sino «cuando oras». Jesús supone que tú (¡y yo!) vayas a orar. Su pueblo tiene el llamado a la oración, tiene el mandato de orar, se espera que ore y se le instruye acerca de cómo orar. Aun así, el problema siempre está en el corazón: si tu corazón está bien delante de Dios.

Y, querida, si tu único deseo es adorar y alabar a Dios, pedirle y derramar tu corazón delante de Él, nunca habrá una postura indebida para tus oraciones. ¡Porque nunca podrías orar parada de cabeza, como ilustra el siguiente debate!

La oración de Cyrus Brown

«La mejor manera en que un hombre debe orar»,
dijo el diácono Lemuel Claves,
«la única actitud adecuada
es de rodillas».

«Más aun, debería decir, la manera de orar»,
dijo el reverendo Dr. Sabio,
«es parado derecho con los brazos extendidos,
absorto y con los ojos hacia arriba».

«¡Ah, no, no, no!»,
dijo el anciano Nieves.
«Tal postura es demasiado orgullosa.
Un hombre debería orar con los ojos bien cerrados
y la cabeza inclinada en actitud contrita».

«A mí me parece que sus manos deberían
estar sujetas con austeridad y firmeza en el frente,
con los dos pulgares apuntando al suelo»,
dijo el reverendo Dr. Rudo.

«El año pasado me caí en el pozo de Hodgkins,
de cabeza», dijo Cyril Brown,
«con los dos talones apuntando hacia arriba,
la cabeza apuntando hacia abajo.

»Y oré ahí mismo, en ese mismo momento,
la mejor oración que pronunciara en mi vida,
la oración más orada que oré,
¡y parado de cabeza!»[5]

Mi lista de control
para la oración

✓ *Describe...* tu lugar de oración: ¿Tienes uno? Cuenta algo sobre él aquí. Si tienes problemas al orar con todas las distracciones de una familia bulliciosa, con un teléfono que no deja de sonar, quizá lo que necesites sea un armario de oración.

¿O estás sin hogar en lo que respecta a la oración? ¿O eres una vagabunda... oras un poco aquí, un poco allí, un poco en todas partes? Contesta con sinceridad. Si cualquiera de las dos cosas es verdad...

✓ *Decide...* dónde estará tu lugar: Experimenta. Varía el lugar. Tarde o temprano te sentirás «en casa» y disfrutarás del éxito de tus esfuerzos de oración. ¡Tu corazón te dirá cuando estés en casa!

¡Así que comienza a describir! También tómate tu tiempo para hacer una lista con cualquier «mejora para la casa de oración» que puedas hacer.

✓ *Dedícate...* a la oración en privado: Es divertido y emocionante orar con otros, orar por otros y alabar juntos a Dios. Esos tiempos de oración en grupo son parte emocionante de la «vida de cuerpo», la *koinonia*, entre los cristianos. Aun así, asegúrate de pasar la mayor parte de tu tiempo de oración *fuera* del ojo público... «ora en secreto». ¿Por qué?

En primer lugar, afirmará tus motivaciones para orar. Puedes estar en comunión de todo corazón, con sinceridad y pasión con Dios y sin distracciones. Son solo tú y Dios a puertas cerradas. ¡Así que ora, querida, a tu «audiencia de Uno»!

Y en segundo lugar, una vida de oración «secreta» te permite enfocarte en los asuntos reales y personales (¡y privados!) de la vida que necesitas hablar con Dios. Cuando estás sola, puedes concentrar toda tu energía y tus esfuerzos en un tiempo de oración más significativo y productivo.

Solo por esta próxima semana, toma nota del tiempo que pasas orando en privado. ¿Qué revelan tus notas?

Lunes _____   Viernes _____

Martes _____   Sábado _____

Miércoles _____   Domingo _____

Jueves _____

Responde al llamado de Dios para ti

Querida amiga, Dios te está llamando a una vida de oración. La oración es un acto de adoración y servicio que puedes realizar en cualquier momento y lugar. Así que eleva tu voz a Dios. Sí, la oración es una bendición, ¡pero orar no es fácil! Tu vida, como la mía, está llena de una multitud de actividades que pueden desplazar tus tiempos de oración. Además, está la batalla contra la carne mientras luchas con el pecado y la pereza espiritual. Y como la oración es un ejercicio espiritual, si no tienes cuidado, puedes encontrarte huyendo de la presencia del Señor por culpa de un corazón dividido, impuro y vacío.

Mi querida hermana en la oración, espero que te unas a mí para que juntas podamos responder al llamado de Dios a la oración. ¡Levantemos nuestras voces hacia su trono de gracia!

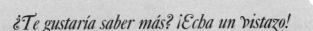

¿Te gustaría saber más? ¡Echa un vistazo!

Lee Mateo 6:5-6.

¿Cuáles son las instrucciones de Jesús con relación a un lugar de oración?

¿Cuál es el mensaje de Jesús con respecto a tus motivaciones en tus tiempos de oración?

¿Qué enseña Jesús acerca de tu Padre celestial?

Después de reflexionar en estas enseñanzas, ¿cuán importante es orar en privado?

Repasa la lista de personas en la sección de tu libro titulada: «¿Hay una postura adecuada para orar?». ¿Cuál es el mensaje clave para tu corazón de estas fieles personas de oración?

Lee Juan 4:19-24. ¿Cuál es el elemento más importante de la verdadera adoración, del cual la oración es una parte?

Mi lista de cosas que no quiero olvidar... de este capítulo

_____

_____

_____

_____

_____

_____

_____

_____

_____

_____

_____

_____

_____

_____

_____

_____

_____

_____

_____

_____

Desarrolla el hábito
de la oración

¿Cómo puedo aprender
a orar?

Cuando comenzamos nuestra peregrinación hacia la oración, tú y yo pusimos nuestras miradas, y nuestros corazones, en responder el llamado de Dios a la oración. El deseo profundo de nuestro corazón era hacer que la oración se transformara en una realidad en nuestra vida. Y para comenzar nuestro viaje juntas, nos miramos al espejo y preguntamos: «¿Qué me impide orar?». Ahora volvemos al punto de partida. Consideramos algunas razones por las que no oramos más a menudo... y es de esperar que hayamos hecho algo al respecto. También analizamos algunas de las circunstancias angustiosas de la vida que nos movilizan a orar... y aprendimos que debemos decírselas a Dios, que debemos orar pidiendo sabiduría y dejarle nuestras peticiones a Él.

Ahora que dirigimos nuestros corazones hacia el final de este maravilloso viaje juntas, es hora de preguntar y responder: ¿Cómo puedo aprender a orar? Descubramos la manera de poner nuestros esfuerzos de oración a velocidad estelar. ¡Aquí vamos!

1. *Usa una lista o cuaderno de oración*: ¿Cuántas veces has sido culpable de decirle a la gente que orarías por ella y luego no lo haces? Cuando escuchaste su petición o su problema, te conmovieron hasta lo más profundo y deseaste en verdad orar por ellos... ¡pero luego lo olvidaste todo!

Con un lugar para escribir tus inquietudes de oración, de inmediato mejoras tu vida de oración. Aprende a llevar contigo un pequeño bloc de notas con encuadernación en espiral o una tarjeta de 6 x 12 centímetros. Luego, en cuanto una persona te pida que ores por ella o te cuente que está luchando con un problema, escríbelo. Después anótalo en tu cuaderno de oración y, por supuesto, ¡ora con fidelidad!

(Y posdata. Si es posible, ora con la gente que sufre allí mismo. La oración, en ese instante, puede darles un alivio inmediato y paz para sus corazones heridos).

¿Y qué me dices de tu vida, de tus problemas e inquietudes? Una lista o cuaderno de oración, aunque en lo físico solo sea papel y cartón, es una ayuda espiritual maravillosa para tu vida de oración. Es un recurso que...

❋ ordena tus oraciones,

❋ te ayuda a recordar por quién orar y por qué,

❋ sirve como un recordatorio visual de la fidelidad y la bondad de Dios a medida que responde tus peticiones de oración, y

❋ crea una contabilidad histórica de la obra de Dios en tu vida y la vida de otras personas.

2. *Programa un tiempo de oración cada día*: Cuando no programamos algo, a menudo no se hace. Lo mismo sucede con la oración. Puedes pensar en la oración. Hablar de la oración. Preocuparte por la oración. Tener deseos de orar. ¡Incluso puedes orar por estar orando! Sin embargo, hasta que no programes el acto de la oración, es probable que no suceda con regularidad.

Así que elige una cantidad de tiempo y establece un horario. ¡Yo comencé mi viaje personal hacia la oración con cinco minutos al día! Mi principio primordial era: *¡Algo es mejor que nada!* Mis cinco minutos se transformaron en la carnada que me atrajo a experimentar tiempos dulces y preciosos de oración: muchos de esos momentos se extendieron por largo rato. ¡Olvídate del reloj! Una vez que empezaba, ¡no podía parar! Sí, algunos días, todo lo que oraba eran cinco minutos. Aun así, comencé con poco... y, con el tiempo, ¡fui testigo de poderosos efectos! Y lo mismo pasará contigo cuando programes un tiempo de oración cada día.

3. *Pasa tiempo en oración con otras personas*: El hábito de la oración nace y se nutre en privado, pero la oración con los demás hace que tu vida de oración madure y mejore. ¿Conoces a algunas hermanas en Cristo que tengan tu pasión por la oración? Tal vez puedas establecer un grupo de oración con las jóvenes con tu misma pasión. Pueden reunirse en la iglesia, en los hogares, en la escuela, ¡o hasta en un parque! Solo asegúrense de orar cuando se junten. Respondan al llamado de Dios a orar juntas.

4. *Ora usando las Escrituras*: A Dios no solo le encanta escuchar su propia Palabra, sino que hay poder en ella. Sin duda, ¡«la palabra de Dios es viva y poderosa, y más cortante que cualquier espada de dos filos» (Hebreos 4:12)! Así que ponte como meta incorporar pasajes bíblicos a tus oraciones. ¿No sabes qué pasajes usar? Prueba con esto. Subraya tus versículos de oración favoritos en tu Biblia con un marcador. ¡Luego ora con la Biblia abierta!

Y aquí tienes otra idea: Intenta insertar nombres de personas en diferentes versículos. Haz una prueba con Colosenses 1:9-10. ¡Te encantará orar por tus amigos y tu familia de esta manera emocionante y fácil!

5. *Toma prestado de las oraciones de otros*: Por supuesto, querrás orar tus propias oraciones, pero no deberías detenerte allí. ¡Desarróllate! ¡Crece! Lee y ora con las oraciones escritas de otras personas. Las oraciones poderosas de los demás se pueden usar a fin de bombardear el cielo con artillería pesada. Nos ayudan a crecer en nuestras habilidades y en nuestra pasión para orar y mejoran nuestro «lenguaje de oración» por su elocuencia. (Para ayudarte, incluí varios títulos de libros de oración al final de este libro).

6. *Comienza y termina cada día con un tiempo de oración*: Uno de mis Salmos preferidos nos llama a proclamar el «gran amor [de Dios] *por la mañana*» y su «fidelidad *por la noche*» (Salmo 92:2). Se ha llamado a las oraciones de la mañana y de la noche «los sujetalibros del amanecer y el anochecer».

«La oración es la llave de la mañana y el cerrojo de la noche»[1].

La mañana y la noche. Puedes comenzar a desarrollar el hábito de empezar y terminar cada día con la oración. Lo primero... ¡y lo último! La primera palabra... ¡y la última! Eso pertenece a Dios.

7. *Déjate inspirar por las biografías de personas que oraban*: ¿Ya adivinaste que me fascina leer biografías de personas que oraban? Tengo una estantería llena de libros acerca de los viajes de oración que el pueblo de Dios ha hecho con Él a través de los siglos. Cada persona con la que viajo se transforma en un amigo, un maestro, un modelo y un entrenador espiritual.

Te aliento a que hagas lo mismo. Con todo, intenta llevar tu lectura un paso más adelante. ¡*Registra* lo que aprendes! Copia los pasajes y las citas más conmovedoras de estos libros. Sí, yo marco mis libros, pero no siempre puedo llevarlos conmigo. Sin embargo, puedo llevar mi diario a cualquier lado... y sentarme tranquila y leerlo una y otra vez.

(Y aquí tienes otra posdata: También incluí varios de estos títulos de libros al final de este libro. Comienza con *Stepping Heavenward* porque es un diario que comenzó una muchacha cuando cumplió catorce años y escribió durante veinte y tantos años).

8. *Estudia las oraciones de la Biblia*: En este libro he señalado un montón de mis «favoritos»: citas, historias, versículos, libros, autores, héroes de la fe y prácticas de oración favoritas. Sin embargo, nada tiene más poder en el campo de la oración que las mismas oraciones registradas en la Biblia.

Por ejemplo, a la oración de María, la madre de nuestro Señor Jesús (Lucas 1:46-55) se le llama «el Magnificat de María». Como en el caso del «Padrenuestro» que oró Jesús, puedes aprender mucho acerca de la oración leyendo esta inspirada oración de adoración. María...

❏ expresó con palabras su gozo personal por la obra del Señor en su vida (versículos 46-48),

❏ exaltó la persona de Dios y su obra «de generación en generación» (versículos 49-50),

❏ alabó a Dios por su trato con la humanidad (versículos 51-53), y

❏ señaló la misericordia de Dios al cumplir con la promesa del pacto que le hizo a «su siervo Israel» (versículos 54-55).

9. *Sigue adelante con tu determinación: No se toman decisiones sin la oración*. Tu primera decisión cada día tiene que ser la oración. Esta decisión te dará el tiempo y la oportunidad para seguir adelante. Mientras oras por tus decisiones, Dios te guiará a encontrar y a cumplir su voluntad para tu tiempo, tu día y tu vida.

Aunque parezca mentira, una vez que el tiempo se pasa tomando decisiones en oración, tu tiempo se administra mejor, se gasta mejor y se ahorra como resultado de caminar dentro de la voluntad de Dios. Así que nunca te olvides: *¡No se toman decisiones sin orar!*

10. *Alimenta tu corazón y tu mente con la Palabra de Dios*: La Biblia es el principal estímulo para tu vida de oración. A través de ella, Dios nos habla y llena nuestro corazón y nuestra mente con verdades espirituales. La oración es un ejercicio espiritual y ningún otro libro puede inspirar el trabajo espiritual de la oración como el poder espiritual de la Biblia.

Piénsalo. Hablando de manera práctica, *si nada entra, nada sale.* Cuando no leemos la Palabra de Dios y no nos exponemos a su pureza y poder, no pensamos a menudo en Dios, y por lo tanto, no oramos a menudo.

Además, *si entran trivialidades, salen trivialidades.* Cuando escuchas a una persona hablar acerca de trivialidades (sobre el último programa de entrevistas de la televisión, las noticias de las películas, los chismes), sabes con qué se alimentan. ¡Y lo mismo sucede con la basura! *¡Si entra basura, sale basura!*

No obstante, *si entra la Palabra de Dios, sale la Palabra de Dios.* En el caso de María y su «Magnificat», ¡algo había estado sucediendo durante años! Ese algo era la ley de Dios y el conocimiento de su trato con su pueblo. El corazón y el alma de María (¡y recuerda que ella también era una adolescente!) estaban saturados de la Palabra de Dios. ¿Cómo lo sabemos? ¡Porque se le escapaba de los labios! Porque su oración de adoración contiene alrededor de quince referencias a pasajes del Antiguo Testamento. El corazón y el alma de María estaban llenos hasta rebosar con la Palabra santa de Dios. ¡Y sí que rebosaba! Su alabanza y oración salieron a chorros al glorificar al Dios que amaba y conocía tan bien a través de su Palabra.

Mi lista de control
para la oración

✓ *Aprende...* a dejar cosas sin hacer: Una prioridad esencial es Dios, y eso incluye pasar tiempo con Él. Todas las cosas relacionadas con nutrir nuestra relación con Él, ¡como la oración!, deberían ser lo primero en nuestra lista de quehaceres. Tuve que aprender que apenas mi esposo se iba a trabajar y mis hijas se iban a la escuela, lo primero que tenía que hacer era orar. Era la única manera de asegurar que se hicieran primero las cosas más importantes: ¡el tiempo con la Palabra de Dios y la oración! Todo lo demás en mi día venía *después*.

¡Y era una lucha! El escritor de devocionales Oswald Chambers también lo entendió. Escribe: «Podemos entorpecer el tiempo que deberíamos pasar con Dios acordándonos que tenemos otras cosas que hacer. No tengo tiempo. ¡Por supuesto que no tienes tiempo! ¡Tómatelo! Reprime otros intereses y haz tiempo para darte cuenta de que el centro de poder en tu vida es el Señor Jesucristo»[2].

Pregúntate: ¿Cuáles son las cosas que hago cada día que me parece que son más importantes que pasar tiempo con Dios en oración? La respuesta, por supuesto, es ¡*nada!* Así que aprendamos a dejar sin hacer las cosas menores... ¡y a orar!

> «La oración no nos prepara para las grandes obras: la oración misma es la gran obra»[3].

Ya lo dije antes: ¡somos mujeres muy ocupadas! Haz una lista con las cosas que no te dejan orar. Luego lee Lucas 10:38-42. ¿Cómo comenzarás a elegir lo que es mejor, a elegir «aquello» que nadie te quitará?

✓ *Aprende*... a cambiar de disciplina: Cuando comencé a orar con regularidad, tuve que aprender a cambiar de disciplina. Tuve que aprender a tomar una disciplina que ya era parte de mi vida y agregar una nueva disciplina de oración *antes que* ella.

Déjame explicarte. Si ya tienes la disciplina de leer o estudiar la Biblia, esa disciplina ya es parte de tu vida. Es un hábito. Entonces, lo que necesitas hacer es poner a la oración *delante de* tu otra disciplina. Poner la oración *enfrente de* la disciplina que ya está en su lugar. Lleva algo de práctica y disciplina, pero puedes aprender a dejar otras cosas sin hacer hasta que te ocupes de una de las más importantes de tu vida: responder al llamado de Dios a la oración.

Haz una lista con algunas de las cosas que haces todos los días a la misma hora. ¿Levantarte? ¿Hacer la tarea escolar? ¿Ir a un trabajo de medio tiempo? ¿Ir a practicar algún deporte? ¿Cómo puedes acomodar la oración delante de una de estas «disciplinas»?

✓ *Aprende*... a combinar disciplinas: Hace poco conocí a una mujer, a una «bebé cristiana», que me contó cuándo era su tiempo de oración. Sandy recibía terapia física debido a una herida y tenía que montar en una bicicleta fija durante quince minutos diarios en el centro de rehabilitación de su terapeuta. ¡Dijo que decidió designar esos quince minutos para que fueran su tiempo de oración! Aquí estaba esta nueva cristiana que ya se había puesto a desarrollar el hábito de la oración... ¡y había aprendido a combinar sus disciplinas!

En lo personal, combino caminar todos los días con la oración y la memorización de las Escrituras... ya sea que camine afuera o en una cinta rodante. ¿Qué otra disciplina podrías combinar con la oración? ¿Y qué necesitas hacer a fin de prepararte para usar ese tiempo en la oración?

Responde al llamado de Dios para ti

Querida, tú (y yo) tenemos el llamado a la oración... punto. Tienes que orar sola, cerrar la puerta y orar a tu Padre en lo secreto (Mateo 6:6). Tienes que orar con un grupo de hermanos fieles, como es probable que hiciera Daniel con sus tres amigos (Daniel 1:17-20) y como hicieron Pablo y Silas (Hechos 16:25). También tienes que orar junto con otros como un cuerpo conjunto como hicieron los discípulos de Cristo cuando se juntaron en el aposento alto (Hechos 1:13-15). Como veremos en nuestro capítulo final, la oración engloba todo. Tiene que ser una parte muy vital de tu vida para que ores en todo tiempo, de todas formas y por toda la gente. (¡Ah, qué alegría!)

«La oración corona a Dios con el honor y la gloria que merece su nombre»[4].

Al ir trayendo nuestros pensamientos a un cierre en este tema tan importante: el de desarrollar el hábito de la oración, por favor, ay, por favor, haz estas dos cosas para mejorar tu vida de oración personal:

- Haz lo que tengas que hacer para asegurar que ores a diario, con regularidad y por costumbre.

- Acuérdate de que la oración no se trata de ti. Se trata de Dios, de tu relación, de tu andar con Él y de que seas una mujer conforme a su corazón.

Así que, ¡ora, querida! Responde al llamado de Dios a la oración. Haz lo que sea para que tú deseo de orar se convierta en realidad. Haz lo que tengas que hacer para desarrollar el hábito de la oración.

¿Te gustaría saber más? ¡Echa un vistazo!

Haz una lista con diez maneras para mejorar tu vida de oración y busca las referencias bíblicas correspondientes. Luego anota lo que has hecho o planeado hacer con respecto a cada una. También expresa cómo Dios te ha bendecido o cómo lo has visto obrar con cada uno de estos pasos desde que comenzaste a responder el llamado de Dios a la oración.

1.

2.

3.

4.

El llamado de una joven a la oración

5.

6.

7.

8.

9.

10.

*Mi lista de cosas que no quiero
olvidar... de este capítulo*

_____
_____
_____
_____
_____
_____
_____
_____
_____
_____
_____
_____
_____
_____
_____
_____
_____
_____
_____
_____

En cualquier momento y en cualquier lugar... ¡Ora!

¡*L*o logramos! Llegamos al final de nuestro libro acerca del llamado de una mujer a la oración y de nuestro deseo de responder al llamado de Dios. Al mirar juntas atrás, espero que las siguientes verdades se comunicaran a tu corazón.

Bíblicas: Lo primero y más importante: mi oración a lo largo de este libro fue enfatizar lo que es bíblico. Quería que viéramos un poco de lo que enseña la Biblia acerca de la oración. Espero que ahora tengas un mayor entendimiento y discernimiento sobre la oración (aunque, como aprendimos, la oración «va más allá de nuestro entendimiento humano» y «es un asunto demasiado profundo para el intelecto humano»[1]).

Prácticas: También oré mientras mostraba los elementos prácticos concernientes a la oración. Soy una persona práctica y objetiva. Me encanta estudiar la Biblia, me dice *qué* tengo que hacer. Aun así, también quiero saber *cómo* poner el *qué* en práctica... de inmediato. Quiero saber cómo hacer lo que estoy aprendiendo en la Biblia.

Es por eso que incluí «Mi lista de control para la oración» después de cada cuerpo de enseñanza. También por eso incluí «Mi calendario de oración» reproducible al final de este libro.

(¿Lo has usado todo este tiempo? Si es así, ¡estoy segura que puedes ver el progreso a medida que avanzas en tu viaje hacia la oración!)

Beneficiosas: Luego oré para que lo que escribía fuera beneficioso. Mi oración constante ha sido que tu vida de oración aumente, se fortalezca, se endulce y mejore. ¡Pues qué gloria y honor traerá tal vida de oración a nuestro Dios!

Mecánicas: Confío que a lo largo de este libro el trasfondo de mis oraciones fuera evidente, ya que intenté comunicar que la oración *no* tiene que ser mecánica. Mi mayor temor es que en mi esfuerzo por expresar lo que enseña la Biblia acerca de la oración te sintieras desalentada al darte cuenta de la sencillez de la misma. ¡De ninguna manera quiero que pienses que seguir una fórmula y saltar a través de una serie de aros espirituales va a dar resultado en la oración!

Naturales: La oración tiene que ser natural. Es verdad, la oración implica esfuerzo, es una disciplina espiritual. Requiere, como cualquier cosa de valor, que se ocupen de ella, que la cultiven y que la cuiden. No obstante, la oración tiene que ser natural. Debe fluir de tu corazón al de Dios. Dios construyó en nuestro corazón y nuestra alma un deseo de orar, de comunicarnos con Él, de hablar y buscar comunión con Él como nuestro Padre. En verdad, ¡tenemos mucho de qué hablar con Dios!

- ❐ Cuando tenemos miedo, hablamos con nuestro Protector.

- ❐ Cuando sufrimos, hablamos con nuestro Consolador.

- ❐ Cuando nos maltratan o acusan de manera injusta, hablamos con nuestro Defensor.

- ❐ Cuando tenemos una necesidad, hablamos con nuestro Proveedor.

Simples: Al cerrar este volumen acerca de cómo desarrollar una vida de oración más significativa, quiero dejarte con este simple pensamiento: ¡Puedes, y debes, orar en cualquier lugar, en cualquier momento y en todo tiempo! Te parece simple, ¿no es cierto? Dios hizo posible que tengas éxito con tu deseo de orar. Puedes...

... orar en todo momento (Efesios 6:18), y

... orar sin cesar (1 Tesalonicenses 5:17).

¡Puedes orar en cualquier lugar!

¿Te das cuenta de que podemos orar en cualquier parte? Ninguna postura ni lugar limita nuestra oración. Es increíble que podamos estar en una clase en la escuela, en un partido de pelota, escuchando a una amiga en persona o por teléfono, haciendo ejercicio, manejando... bueno, cualquier cosa, y lo que sea que hagamos, podemos orar al mismo tiempo.

> «El hombre que ora siempre de rodillas no ora lo suficiente»[2].

El acto mismo de orar nos hace más sabias, más comprensivas, nos da criterio, nos hace piadosas y alertas en lo espiritual. ¡No nos perdemos de nada! Es más, el acto de orar mejora todo lo que hacemos.

Incluso en la tristeza o cuando estamos heridas o confundidas por algo que sucede en nuestras vidas, podemos continuar actuando con nobleza y gracia porque oramos.

> «Ciertos pensamientos son oraciones. Hay momentos en los que, cualquiera que sea la actitud del cuerpo, el alma está de rodillas»[3].

¡Puedes orar en cualquier momento!

¿Cuán ocupada estás? Creo que puedo adivinar. Estás tan ocupada que no tienes tiempo para pensar en cómo contestar esta pregunta, ¿no es así? Con todo, podemos darle gracias a Dios porque debido a que está en todas partes y debido a que el Espíritu Santo mora en nuestras vidas, podemos extender la mano y tocar a Dios en cualquier momento a través de nuestras oraciones.

Echemos un vistazo a otra mujer que estaba ocupada. Aunque es probable que su estilo de vida sea diferente al tuyo, su actitud, y sus costumbres, deberían ser relevantes para tu vida actual.

La manera en que una mujer oraba sin cesar: Al parecer un grupo de pastores estaban reunidos para discutir preguntas difíciles; entre otras, se preguntó cómo se podía cumplir el mandamiento de «orar sin cesar». Se plantearon varias teorías y, a la larga, se convocó a uno del grupo para que escribiera un ensayo sobre el tema a fin de leerlo en la próxima reunión. Al escuchar por casualidad la tarea, una sirvienta exclamó:

«Perdónanos por pensar que la oración es una pérdida de tiempo y ayúdanos a ver que sin la oración nuestro trabajo es una pérdida de tiempo»[4].

—¡¿Qué??! ¿Todo un mes esperando para decir el significado de ese texto? Es uno de los mejores y más fáciles textos de la Biblia.

—¡Bueno, bueno! —dijo un viejo pastor—. Mary, ¿qué puedes decir al respecto? Dinos cómo lo entiendes. ¿Puedes orar todo el tiempo?

—¡Ah, sí, señor!

—¿Qué? ¿Teniendo tantas cosas que hacer?

—Pero, señor, mientras más cosas tengo que hacer, más puedo orar.

—¡De veras! Bueno, Mary, por favor, dinos cómo es, ya que la mayoría de la gente piensa lo contrario.

—Bueno, señor —dijo la muchacha—,

»cuando abro los ojos por la mañana, oro: "Señor, abre los ojos de mi entendimiento";

y mientras me visto, oro para que pueda vestirme con las vestiduras de la rectitud;

y cuando me lavo, pido por la limpieza de la regeneración;

y al comenzar a trabajar, oro para tener la fuerza a fin de hacerle frente a mi día;

cuando comienzo a encender el fuego, oro para que la obra de Dios reviva mi alma;

mientras barro la casa, oro para que mi corazón se limpie de toda impureza,

y mientras preparo y participo del desayuno, deseo alimentarme del maná escondido y de la leche sincera de la Palabra;

mientras estoy ocupada con los niños pequeños, miro a Dios como mi Padre y oro por el espíritu de adopción, que pueda ser como su hija: y así todo el día.

Todo lo que hago me proporciona un pensamiento para la oración».

No es necesario decir que después de la pequeña «exposición» de Mary acerca de la teología de la oración, ¡no se consideró necesario el ensayo![5]

Es cierto que podemos responder al llamado de Dios a la oración desde cualquier lugar en cualquier momento. También es cierto, como lo dijo la dulce Mary, que cuanto más tiene que hacer una mujer ocupada, ¡más puede orar! Eso es... ¡si nuestros corazones apuntan hacia arriba! Eso es... ¡si estamos pensando en Dios!

Desde mi propia experiencia, he notado que el corazón que ora *es* el corazón que apunta hacia arriba. El corazón que ora *es* el corazón que piensa en Dios, que relaciona todo lo que sucede cada minuto del día con Dios. Cuando tengo el hábito de orar todos los días, ¡quién lo iba a decir!, milagro de milagros, ese hábito lleva a orar todo el tiempo... en todos lados... por todas las cosas... ¡por todo!

¡Puedes orar todo el tiempo!

Puedes orar en cualquier lugar y puedes orar en cualquier momento. ¡Pero también necesitas orar *todo* el tiempo! ¿Recuerdas los dos mandamientos de Dios que destacamos antes en este capítulo?

Ora en todo momento (Efesios 6:18).

Orar sin cesar (1 Tesalonicenses 5:17).

En otras palabras, tienes que orar todo el tiempo... para hacer de cada aliento tuyo una oración. Como le encantaba decir a uno de mis pastores: la oración es «la respiración espiritual». Inhalas... ¡y sale una oración!

Tendría que decir que durante los meses que estuve inmersa investigando y escribiendo este libro acerca de la oración y la práctica de la oración, el mayor impacto en mi vida ha sido ser consciente de la oración siempre. Es más, la oración se ha transformado en un acto inconsciente. Parece que, dondequiera que vaya, elevo al Señor, la gente que me rodea o la actividad en la que participo a través de la oración.

Por ejemplo, una mañana, mientras manejaba a cierto lugar, hubo un terrible accidente en una de las autopistas. Los locutores de la radio hablaban de manera muy fría al informar que se trataba de un accidente fatal. Decían algo así: «Bueno, en cuanto alguien saque los cuerpos de ahí y se despejen los restos, el tránsito fluirá de nuevo sin complicaciones».

¿Y sabes?, comencé a orar, pues me preocupaba el alma de la persona que había muerto. *¿Era un creyente?* También pensé: *¡Esa persona tiene familia en algún lado!* Y comencé a orar por los parientes. ¡Comencé a orar para que Dios recibiera gloria y honor a través de un accidente fatal de tránsito y una autopista congestionada y llena de gente frustrada!

> «¿Te concentras en las fallas de una persona o elevas a esa persona delante del Padre?»

Querido corazón de oración, adondequiera que vayas, si piensas en alguien, ora. Si ves a alguien (un estudiante nuevo en la escuela o en la iglesia, un empleado, un vecino, un desamparado, una joven mamá empujando un cochecito, un soldado en una entrevista en las noticias), ora. Si sabes algo que sucede en la vida de una persona, ora. Si tienes un «enemigo», ora. Siempre mantente «orando en todo momento»... ¡como lo hizo esta gente!

Mary Slessor: Una vez leí una anotación del diario de Mary Slessor. Era soltera, escocesa, vivió en el siglo XIX y fue como misionera al África. Escribió: «Mi vida es un largo registro diario y constante de oraciones respondidas. Por salud física, por un mayor rendimiento mental, por dirección dada de manera maravillosa, por errores y peligros que se impidieron, por la enemistad al evangelio que se sometió, por la comida que llegó a la hora exacta en que se necesitaba, por todo lo que sucede que conforma mi vida y mi pobre servicio a mi Salvador»[6].

¡Una larga oración diaria y constante! ¡Sí!

John Fletcher: La costumbre de John Fletcher de Madeley, Inglaterra, era la de nunca encontrarse con un cristiano sin preguntarle: «Amigo, ¿te encuentro orando?». Este saludo inusitado le recordaba a la persona que su vida debería ser una expresión ininterrumpida de oración y compañerismo con Dios[7].

¡Una expresión ininterrumpida de oración y compañerismo con Dios! ¡Sí!

Stonewall Jackson: Al general confederado «Stonewall» Jackson se le describe como un hombre de oración. Dijo: «Tengo tan fijo el hábito de la oración en la mente que nunca levanto un vaso de agua a la boca sin pedir la bendición de Dios, nunca sello una carta sin poner una palabra de bendición debajo de ese sello, nunca llevo una carta al correo sin enviar brevemente mis pensamientos en dirección al cielo»[8].

«Tengo muy fijo el hábito de la oración en la mente...» ¡Sí!

El mensaje es claro, ¿no es así? Tenemos que aprovechar *cada* oportunidad, durante *cualquier cosa* que suceda y a través de *cada* actividad de nuestra vida cotidiana, para orar... *todo* el tiempo. Y podemos hacerlo, sin importar lo que esté sucediendo. ¡Quiera Dios que puedas adueñarte de la siguiente oración al visitar al Señor a cada momento!

Señor...

Despierta en nosotros la comprensión
De que necesitamos visitarte a cada momento...
Enséñanos a tener corazones que oren.
Enséñanos a estar concentrados en ti.
A construir un altar en nuestros corazones,
En el que nuestra alma pueda llamarte
A cada momento. Amén[9].

Mi lista de control
para la oración

✓ *Ora*: La Biblia te dice que ores con fidelidad, con fervor, en todo momento, sin cesar, a cada momento. Además, ora cuando estés en problemas, cuando otros te desilusionen, cuando sufras, cuando adores, cuando estés preocupada, cuando estés abrumada, cuando pases necesidad y cuando tengas que tomar una decisión. Sin importar lo que pase, sea lo que sea... ¡tienes que orar! La oración es la acción más importante de una mujer, ¡anciana o joven!, que tome en serio el llamado de Dios para su vida.

La parte más difícil de «orar en todo momento» es acordarse de orar en todo momento. ¿Qué puedes hacer para acordarte de «pensar en orar» todo el día? (¿Será una nota para pegar? ¿Una pulsera o anillo especial? ¿Un versículo que repitas a lo largo del día? Vamos, piénsalo. ¿Qué será?)

✓ *Alaba:* No me concentré de manera específica en la alabanza en este libro porque el tema de la alabanza podría ser un libro en sí. (¡Ajá!... ¿me pregunto si...?) La alabanza, sin embargo, es otra forma en que adoramos a Dios. Así que durante tus tiempos de oración, ¡eleva tu alabanza a Él que es más que digno! Rinde alabanza para su «gloriosa gracia» (Efesios 1:6). «¡Alaben ustedes a nuestro Dios, todos sus siervos, grandes y pequeños, que con reverente temor le sirven!» (Apocalipsis 19:5). Que tu alabanza fluya hacia fuera y hacia arriba. ¡Cambiará tu actitud ante la vida!

Lee las palabras de alabanza de María en Lucas 1:46-55. También lee las palabras de alabanza de Ana en 1 Samuel 2:1-10. ¿Qué frases de alabanza te gustan más de las oraciones de alabanza de estas mujeres para Dios? Haz una lista con ellas, úsalas, ¡y adéñate de ellas!

✓ *Avanza*: ¿Cómo puedes transformarte en una mujer que responde al llamado de Dios a la oración? ¿Cómo puedes lograr que tu deseo de orar se convierta en realidad? ¿Cómo puedes lograr que hablar con Dios acerca de tu vida mejore? En una palabra: *avanza...* ¡a toda marcha! Avanza y lleva a la práctica lo que aprendiste sobre la oración en este libro. Avanza siguiendo la fórmula de Dios para la oración. Avanza hacia la voluntad de Dios mediante la oración. Avanza para desarrollar el hábito de la oración. Y por sobre todas las cosas, ¡avanza en tus esfuerzos para orar desde el corazón!

Ahora bien, ¿cuál será tu primer paso a partir de este día?

¿*Te gustaría saber más? ¡Echa un vistazo!*

Lee Nehemías 2:1-10.

¿Qué estaba haciendo Nehemías (versículo 1)?

¿Qué le preguntó el rey (versículos 2-4)?

¿Qué hizo Nehemías enseguida (versículo 4)?

¿Cuáles fueron los resultados (versículos 5-10)?

Vuelve a leer el ejemplo de la sirvienta llamada Mary y de su práctica de oración. ¿Cuáles de sus hábitos de oración practicas ya? ¿Cuáles de sus hábitos de oración podrías comenzar a practicar?

Lee Efesios 6:18. ¿Qué mandamientos se dan acerca de la oración?

¿Cómo puedes comenzar a ordenar más tu vida alrededor de Dios y sus deseos a fin de que logres que la oración sea tu primera respuesta a cada situación de tus días?

Mi lista de cosas que no quiero olvidar... de este capítulo

_____
_____
_____
_____
_____
_____
_____
_____
_____
_____
_____
_____
_____
_____
_____
_____
_____
_____
_____

Responde al llamado

de Dios

a la oración

Una vida de oración deslumbrante

En todo este libro me he referido a la oración como una joya. A lo largo del camino, hemos examinado y admirado las muchas y espléndidas facetas de la preciosa gema de nuestras oraciones. Se combinan para hacer de la joya algo especial en verdad: ¡algo que resplandece e ilumina tu vida y las vidas de esos por los que oras, con los que vives y con los que te encuentras! Y ahora quiero concentrar un momento final en la oración como una piedra preciosa y en responder al llamado de Dios a la oración.

Como sabes, se dice que los diamantes son los mejores amigos de una chica. Así que usemos los diamantes como nuestra joya de elección. En mi vida, he visto dos de los mayores y más famosos diamantes del mundo, las dos veces mientras viajaba con mi esposo en uno de sus viajes del ministerio. Uno fue la Estrella de África, el mayor diamante tallado que existe. Se encuentra en el cetro real británico, que vi con Jim en la Torre de Londres. ¡Esta piedra con forma de pera tiene un «peso» de 530,2 quilates! El otro fue el Diamante Hope, el diamante azul oscuro más grande del mundo, que vimos en el Museo Nacional de Historia Natural del Instituto Smithsonian en Washington, D.C. (Casi no nos quedamos a verlo porque la fila era muy larga. ¡Pero valió la pena esperar!)

Sin embargo, mi querida amiga viajante, date cuenta por favor de que los científicos creen que este tipo de diamantes brillantes, invaluables, se formaron bajo tierra a profundidades mayores que ciento cincuenta kilómetros y algunos a profundidades tales como seiscientos setenta kilómetros por debajo de la superficie de la tierra. Así sucede con una joya incluso más valiosa: tu vida de oración. El hábito santo de la oración se forma bajo tierra, oculto de la vista, «a solas con lo eterno».

¿Por qué la formación de un diamante requiere de lugares ocultos tan increíbles? Porque la cristalización exige presiones y temperaturas que solo ocurren en profundidades tan tremendas. Ah, ¡y lo mismo sucede con tu refulgente vida de oración! Cuanto más presión, mejor. Cuanto más calor, mejor. Estas condiciones tan incómodas solo pueden hacer que tu vida de oración sea más deslumbrante. Debido a que las presiones de la vida son las que nos llevan hacia Dios, nos movilizan a apoyarnos en Él... y a buscar su poder y sus fuerzas en medio de nuestra debilidad.

Así que hazte el propósito de responder al llamado de Dios para ti a orar. Hazte el propósito de esconderte con Él en oración... a diario. Cambiarás cuando hagas esto. Cambiará tus relaciones. Y cambiará tu vida. Los diamantes son las sustancias más duras de la tierra. Y tú, mi querida, te parecerás a un diamante cuando juntes las condiciones e inquietudes de tu vida y las lleves «todo a Dios en oración». Vas a ser, en el buen sentido de la palabra, dura, sólida, poderosa, confiada, llena de fe.

Así que, querida, ¡no te derrumbes bajo la presión! No te rindas a los problemas de la vida. No te desintegres en una laguna de lágrimas y depresión. En su lugar, toma a pecho el consejo de Jesús. Él dijo que «[debes] orar siempre, sin [desanimarte]» (Lucas 18:1). ¡Responde a su llamado a la oración! ¡Haz que sea tu estilo de vida!

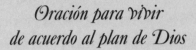

Oración para vivir
de acuerdo al plan de Dios

1. *Ora por tus prioridades*: «Señor, ¿cuál es tu voluntad para este momento de mi vida?».

2. *Planifica tus prioridades*: «Señor, ¿qué debo hacer hoy para cumplir tu voluntad?».

3. *Prepara un programa basado en tus prioridades*: «Señor, ¿cuándo tengo que hacer lo que debo a fin de darle cabida a estas prioridades en el día de hoy?».

4. *Procede a implementar tus prioridades*: «Señor, gracias por darme tu dirección para este día».

5. *Hazte el propósito de controlar tu progreso*: «Señor, solo tengo un tiempo limitado que me sobra cada día. ¿En qué tareas importantes debo concentrarme durante el resto del día?».

6. *Prepárate para mañana*: «Señor, ¿cómo logro poner mejor en práctica tu plan para mí mañana?».

7. *Alaba a Dios al final del día*: «Señor, gracias por un día valioso, por un día bien invertido, pues te he ofrecido mi vida y este día a ti como un "sacrificio vivo"»[1].

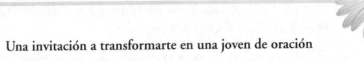

Notas

Una invitación a transformarte en una joven de oración

1. J.D. Douglas, *The New Bible Dictionary*, Wm. B. Eerdmans Publishing Co., Grand Rapids, MI, 1978, p. 1019.

Capítulo 1: Comienza tu viaje hacia la oración

1. *God's Words of Life for Teens*, Zondervan Corporation, Grand Rapids, MI, 2000, p. 141.

2. A.A. Milne, «Vespers», de *When We Were Very Young*, E.P Dutton and Co. y Methuen Children's Books Ltd., Nueva York, fecha desconocida.

3. William Law, fuente desconocida.

Capítulo 2: ¿Qué me impide orar?

1. Del himno «Pon tus ojos en Cristo», *Himnario de Alabanza Evangélica*, #214, letra y música de Helen H. Lemmel, 1918, traducción C.P. Denyer. © Copyright 1978, Editorial Mundo Hispano, El Paso, TX.

2. Adaptado de Paul. S. Rees, como apareció citado en la obra de Albert M. Wells, hijo, comp., *Inspiring Quotations: Contamporary and Classified*, Thomas Nelson Publishers, Nashville, TN, 1988, p. 160.

3. Eleanor Doan, *Libro de consulta para el orador*, Editorial Vida, Miami, FL, 1997, p. 218.

Capítulo 3: Cuando estés en problemas o necesidad... ¡Ora!

1. Terry W. Glaspey, *Pathway to the Heart of God*, Harvest House Publishers, Eugene, OR, 1998, p. 13.

2. *World Shapers—A Treasury of Quotes from Great Missionaries*, citando a Peter Deyneka, fundador de Slavic Gospel Association, Harold Shaw Publishers, Wheaton, IL, 1991, p. 49.

Capítulo 4: Cuando estés desilusionada o herida... ¡Ora!

1. Curtis Vaughn, *The New Testament from 26 Translations* , Zondervan Publishing House, Grand Rapids, MI, 1967, p. 771. Traducción libre de la versión en inglés.

2. Herbert Lockyer, *All the Prayers of the Bible*, Zondervan Publishing House, Grand Rapids, MI, 1973, p. 64.

3. D.L. Moody, *Notes from My Bible and Thoughts from My Library*, citando a Cuyler, Baker Book House, Grand Rapids, MI, 1979, p. 93.

4. Romanos 3:23; 1 Corintios 10:12; 1 Juan 1:8.

5. Joseph Scriven, «¡Oh qué amigo nos es Cristo!», *Himnario de Alabanza Evangélica*, #409, letra 1855, traducción Leandro Garza Mora. © Copyright 1978, Editorial Mundo Hispano, El Paso, TX.

Capítulo 5: Cuando estés preocupada o abrumada... ¡Ora!

1. Fritz Rienecker, *A Linguistic Key to the Greek New Testament—Volume 2*, Zondervan Publishing House, Grand Rapids, MI, 1981, p. 21.

2. M.R. DeHaan y Henry G. Bosch, *Bread for Each Day*, Zondervan Publishing House, Grand Rapids, MI, 1980, 11 de diciembre.

3. *Life Application Bible Commentary—Romans*, Tyndale House Publishers, Inc., Wheaton, IL, 1992, p. 164.

**Capítulo 6: Cuando tengas que tomar una decisión...
¡Ora por fe y sabiduría!**

1. Autor desconocido, citado en Eleanor Doan, *Libro de consulta
para el orador*, Editorial Vida, Miami, FL, 1997, p. 283 (del original
en inglés).

2. *Checklist for Life for Teens*, Thomas Nelson Publishers, Nashville,
TN, 2002, p. 226.

3. Doan, *Libro de consulta para el orador*, citando a Edward Payton,
p. 213.

**Capítulo 7: Cuando tengas que tomar una decisión...
¡Ora por entendimiento!**

1. Roy B. Zuck, *The Speaker's Quote Book,* citando a Charles Neilsen,
Kregel Publications, Grand Rapids, MI, 1997, p. 409.

2. *Ibíd.*, p. 110.

3. *Ibíd.*, p. 110-11.

Capítulo 8: El tiempo, y los tiempos, de la oración

1. Sherwood Eliot Wirt y Kersten Beckstrom, *Topical Encyclopedia
of Living Quotations*, citando a Paul S. Rees, Bethany House
Publishers, Minneapolis, 1982, p. 181.

2. William Law, según se cita en Terry W. Glaspey, *Pathway to the
Heart of God*, Harvest House Publishers, Eugene, OR, 1998, p. 152.

3. «La diferencia», autor desconocido, en Eleanor Doan, *Libro de
consulta para el orador*, Editorial Vida, Miami, FL, 1997, p. 218.
Nota: el crédito de la fuente de Internet es de Grace L. Naessens
por este poema.

Capítulo 9: El lugar y la postura de la oración

1. Ruth Bell Graham, «Especially for You», *Decision*, vol. 43, no. 9, septiembre de 2002, p. 42.

2. S.D. Gordon, *Consejos prácticos sobre la oración*, Editorial Clie, Terrassa, Barcelona, España, 1984, pp. 150-58 (del original en inglés).

3. Herbert Lockyer, *All the Prayers of the Bible*, Zondervan Publishing House, Grand Rapids, MI, 1973, p. 265.

4. Sandra Goodwin, «Traveling on My Knees», según se citó en Paul Lee Tan, *Enciclopedia of 7700 Illustrations*, BMH Books, Winona Lake, IN, 1979, p. 1038.

5. Sam Walter Foss (1858-1911), «*The Prayer of Cyrus Brown*».

Capítulo 10: ¿Cómo puedo aprender a orar?

1. Eleanor L. Doan, *Libro de consulta para el orador*, Editorial Vida, Miami, FL, 1997, p. 211.

2. Harry Verploegh, ed., *Oswald Chambers—The Best from All His Books*, Oliver Nelson/Thomas Nelson Publishers, Nashville, TN, 1987, p. 359.

3. Doan, *Libro de consulta para el orador*, citando a Oswald Chambers, énfasis de la autora, p. 212.

4. Frank S. Mead, *12,000 Religious Quotations*, citando a Thomas Benton Brooks, Baker Book House, Grand Rapids, MI, 2000, p. 337.

Capítulo 11: En cualquier momento y en cualquier lugar... ¡Ora!

1. Terry W. Glaspey, citado en la obra de Terry Glaspey, *Pathway to the Heart of God* (Eugene, OR: Harvest House Publishers, 1998), p. 133.

2. Eleanor L. Doan, *Libro de consulta para el orador*, Editorial Vida, Miami, FL, 1997, p. 193 (del original en inglés).

3. Frank S. Mead, *12,000 Religious Quotations,* citando a Víctor Hugo (*Grand Rapids, MI: Baker Book House,* 2000), p. 341.

4. Peter Marshall, según se cita en Roy B. Zuck, *The Speaker's Quote Book*, Kregel Publications, Grand Rapids, MI, 1997, p. 298.

5. Elon Foster, *6000 Sermon Illustrations*, Baker Book House, Grand Rapids, MI, 1992, p. 511.

6. Vinita Hampton y Carol Plueddemann, *World Shapers: A Treasury of Quotes from Great Missionaries*, Harold Shaw Publishers, Wheaton, IL, 1991, p. 46.

7. Roy. B. Zuck, *The Speaker's Quote Book*, citando a «Nuestro Pan Diario», p. 294, (21 de febrero de 2004).

8. Ian Bounds, fuente desconocida.

9. Glaspey, *Pathway to the Heart of God*, p. 133.

Una vida de oración deslumbrante

1. Elizabeth George, *Cómo administrar la vida para mujeres ocupadas*, Editorial Unilit, Miami, FL, 2003, p. 233.

MI CALENDARIO DE ORACIÓN

Ene.	Feb.	Mar.	Abr.	May.	Jun.
1	1	1	1	1	1
2	2	2	2	2	2
3	3	3	3	3	3
4	4	4	4	4	4
5	5	5	5	5	5
6	6	6	6	6	6
7	7	7	7	7	7
8	8	8	8	8	8
9	9	9	9	9	9
10	10	10	10	10	10
11	11	11	11	11	11
12	12	12	12	12	12
13	13	13	13	13	13
14	14	14	14	14	14
15	15	15	15	15	15
16	16	16	16	16	16
17	17	17	17	17	17
18	18	18	18	18	18
19	19	19	19	19	19
20	20	20	20	20	20
21	21	21	21	21	21
22	22	22	22	22	22
23	23	23	23	23	23
24	24	24	24	24	24
25	25	25	25	25	25
26	26	26	26	26	26
27	27	27	27	27	27
28	28	28	28	28	28
29		29	29	29	29
30		30	30	30	30
31		31		31	

Véanse las páginas 18 y 19 bajo «Listas de control para la oración» (tercera sección) para las instrucciones en el uso de este motivador calendario.

FECHA DE INICIO: Feb, 22, 09

Jul.	Ago.	Sep.	Oct.	Nov.	Dic.
1	1	1	1	1	1
2	2	2	2	2	2
3	3	3	3	3	3
4	4	4	4	4	4
5	5	5	5	5	5
6	6	6	6	6	6
7	7	7	7	7	7
8	8	8	8	8	8
9	9	9	9	9	9
10	10	10	10	10	10
11	11	11	11	11	11
12	12	12	12	12	12
13	13	13	13	13	13
14	14	14	14	14	14
15	15	15	15	15	15
16	16	16	16	16	16
17	17	17	17	17	17
18	18	18	18	18	18
19	19	19	19	19	19
20	20	20	20	20	20
21	21	21	21	21	21
22	22	22	22	22	22
23	23	23	23	23	23
24	24	24	24	24	24
25	25	25	25	25	25
26	26	26	26	26	26
27	27	27	27	27	27
28	28	28	28	28	28
29	29	29	29	29	29
30	30	30	30	30	30
31	31		31		31

Notas Personales

Notas Personales

Notas Personales

Notas Personales

Notas Personales

Notas Personales

Acerca de la Autora

Elizabeth George es una autora de éxitos de librería y conferen-
ciante cuya pasión es enseñar la Biblia de manera tal que cambie
la vida de las mujeres. Para obtener información acerca de los
libros de Elizabeth o de su ministerio de conferencias, para ins-
cribirte en listas de correos o para contar cómo Dios ha usado
este libro en tu vida, por favor, escríbele a Elizabeth a:

Elizabeth George
P.O. Box 2879
Belfair, WA 98528

Teléfono-fax (sin cargos): 1-800-542-4611
www.elizabethgeorge.com

Sarahi Guevara
Sanchez 2009.

Sarahi Sanchez

d-dieta voz